Sonderzahl

Hélène Cixous

Gespräch mit dem Esel

Blind schreiben

Aus dem Französischen übertragen
von Claudia Simma, herausgegeben und mit
Supplementen versehen von
Esther Hutfless und Elisabeth Schäfer

Sonderzahl

www.sonderzahl.at

Gesetzt aus der Quadraat und der NN Allegra
Druck: finidr
Umschlag von Matthias Schmidt
ISBN 978 3 85449 613 7

Inhalt

Gespräch mit dem Esel
Blind schreiben

Hélène Cixous

Was wir Tag und Tageslicht° nennen hindert mich am Sehen. Sonnenklares Tageslicht macht mich blind für Erleuchtung, für die Zeit der Visionen. Strahlende Tageshelle hindert mich am Hören. Am Sehenhören. Hindert mich daran mich zu hören. Mit mir. Mit dir. Mit den Mysterien.

→ *jour* / Tag

Damit ich losziehen kann zu schreiben muss ich dem grobgrellen Tageslicht entkommen das mich bei den Augen nimmt, mir die Augen nimmt und sie abfüllt mit groben, rohen Ansichten. Ich will nicht das sehen was gezeigt ist. Ich will das sehen was geheim ist. Was zwischen dem Sichtbaren versteckt ist. Ich will die Haut des Lichts sehen.

Zur Verteilung der im Text in Zusammenhang mit einer queerenden Schreibweise siehe die Begleitworte der Herausgeber*innen *Zur geschlechtersensiblen Schreibweise* und *Zur Interpunktion* ab Seite 49.

Ich kann nicht schreiben ohne meinen Blick dem Aufgezeichneten° zu *entziehen*°, ohne Streulicht. Ich schreibe mit und aus (Zer)Streuung. Zerstreut°.

→ *captation* / Aufgezeichneten
→ *distraire* / entziehen
→ *distrait* / zerstreut

Immer wenn ich losziehe (Schreiben ist in erster Linie ein Aufbrechen, ein Sich-Einschiffen, eine Expedition) entziehe ich mich zuerst einmal der Welt und der tag-

→ tour de magie / Zaubertrick und Drehmoment

aktiven Sozialität mit einem einfachen magischen Dreh°: Ich schließe die Augen, die Ohren. Und dieser Dreh dreht sein Ding: Die Taue sind gekappt. Augenblicklich bin ich nicht mehr von dieser politischen Welt. Sie ist nicht mehr. Hinter meinen Augenlidern bin ich woanders. Woanders herrscht das andere Licht. Ich schreibe bei anderem Licht, (mit) dem anderen Licht°.

→ *j'écris à l'autre lumière*/ Treibstoff des Schreibens

Wenn ich die Augen schließe öffnet sich die Passage, der dunkle Schlund, ich gehe hinunter. Oder vielmehr es geht hinunter: Ich vertraue mich dem ursprünglich primitiven Raum an, ich widerstrebe den Kräften nicht die mich davontragen. Es gibt kein *Gender* mehr. Ich werde ein Etwas mit gespitzten Ohren.

→ *nuit* / Nacht

Ich schreibe nachts. Ich schreibe die Nacht. Ich schreibe: die NACHT. Die NACHT° ist eine so große Gottheit, dass sie sich eines Tages inkarniert hat und in einem meiner Theaterstücke auftritt. Die NACHT ist mein anderer Tag. Die wunderreichere Hälfte meines Lebens. Die freigiebigere°. Aus Bewunderung für sie und aus Leidenschaft zu ihr mache ich Nacht(licht)° bei Tag. Sogar mit offenen Augen zu Mittag, kann ich nichtsehen. Wenn ich einen Gedanken verfolge der vor mir herjagt wie ein wunderbares Wildtier sehen meine Augen nur noch den neutralen leeren Raum in dem sein Schatten dahineilt.

→ *prodigieux* / in Bewegung setzen
→ *je fais la nuit le jour*/Nachtlicht

Für die Art wie meine Augen meine Umgebung, meine Freunde, meine Bücher, mein Publikum nichtsehen können gibt es bestimmt eine wissenschaftliche Erklärung aber ich kenne sie nicht.

Die Welt nichtsehen ist die Bedingung der Hellsichtigkeit. Aber was heißt das, sehen? Wer sieht? Wer glaubt zu wissen zu sehen°?

→ *qui croit savoir voir*/Wissen–Sehen

Alle Menschenwesen sind Blinde für einander. Die »Sehenden« sehen nicht was jemand der nicht sieht sieht oder nicht sieht. Das Nichtsehen ist auch ein Sehen. Der Blinde sieht. Ich die ich nicht blind bin, ich sehe das nicht was der Blinde sieht. Für den Blinden bin ich die Blinde.

Weder blind noch sehr kurzsichtig sein bewirkt eine Art Blindheit.

Ich habe das Unglück und geheime Glück, dass ich sehr kurzsichtig auf die Welt gekommen bin. Der Blinde war immer mein Nächster, mein Verwandter und mein Entsetzen. Wenig fehlte und ich war er.

Meine Myopie ist das Geheimnis meiner Hellsichtigkeit. Ich bin Frau. Aber noch bevor ich eine Frau bin, bin ich eine Kurzsichtige. Die Myopie ist mein Geheimnis. Ein Geheimnis? Aber wenn du den Schleier hebst? Sogar eingestanden ist das Geheimnis nicht gelüftet: Schwere Kurzsichtigkeit bleibt unbegreiflich für jemanden der nicht schwer kurzsichtig ist. Ich gehöre dem Geheimbund der Kurzsichtigen an.

Aber Myopie reicht nicht aus um Nacht(licht) zu machen.

Lass uns die Augen schließen. Die Nacht ergreift mich. Wohin gehen wir? In die andere Welt. Gleich ne-

→ *paupière* / Augenlid – Berühren – Haut

benan. So nah aber so schwer zugänglich. Aber mit einem Strich ist man dort. Die andere Seite. Ein Lid° eine Membrane, trennt zwei Reiche.

→ *passer* / Passage Überschreiten, übergehen

→ *animots* / Wortgeschöpfe

→ *philtres* / Liebestrunk

→ *Par illusion aussi on passe* / illusionsweise passieren

Mein Kurzsichtigenname ist Miranda. Ich gehe vom Unscharf- zum Scharfsehen über° und rufe aus *O Brave New World*. Illusion! Zugegeben. Was mir wichtig ist, ist nicht das Erscheinungsbild, es ist das Übergehen, die Passage. Ich liebe das Wort PASSAGE. Alle Passwörter alle passierenden Passanten und Fluchthelfer, die Wörter die das Lid *im Inneren selbst* ihres eigenen Wortkörpers passieren, sind meine magischen *Animots*°, meine Worttiere, Wortwesen, Lebewörter. Meine magischen Liebestränke, mein *Philtron*°. Man passiert auch ILLUSION°. Ich liebe den Namen und das Namenwort ILLUSION.

Bei Morgengrauen fast wach aber noch nicht auf der anderen Seite drüben beim aufrechten Gang, noch auf allen Vieren und dem Lauf verschrieben, noch verquer mit Schlaf bekleidet, aber doch schon aufgerufen, bremse ich, gleite ich ganz langsam dem Tag entgegen. Es gibt zwischen Nacht und Tag eine weite Gegend lebendig aber empfindlich wo man schlafen kann während man schon wach ist, wo man sogar aufrecht auf zwei Pfoten noch Phantom ist, wo es in uns die Türen zwischen den beiden Ländern noch nicht gibt, wo was vergangen sein wird überlebt, bleibt, *stays* (oh, dieses Wort fehlt mir im Französischen), *steht*. Allerzarteste EKSTASE.

Empfindliche Gegend die eine zu heftige Bewegung kaputt machen, Zauberstunde die eine zu heftige Begegnung mit einem Bewohner des Tageslichts in die Flucht schlagen kann.

Was ich dann schreibe kennt weder Grenzen noch Zögern. Keine Zensur. Zwischen Nacht und Tag. Empfange ich die Nachricht. Ich empfange unerschüttert. Bei grobgrellem Tageslicht hätte ich nie diese paradiesische Nacktheit. Man kann nur als Nackte empfangen. Nein, nicht als Entkleidete. Die Nacktheit vor jeder Kleidung.

Dann hebe ich vor meinen Augen das Visier, ich wende meine nackten Augen der Welt zu. Und ich sehe. Ich sehe! mit nacktem Auge, und das ist reinste Begeisterung. Ich gehe über von Nichtsehen zu Die-Welt-Sehen. Die Gesichtszüge der Welt treten hervor, zeichnen sich ab, gehen über von nicht Wahrgenommenem zur Gegenwart. Jäher, blitzartiger, zeugender Übergang. Ich fühle mich sehen. Augen sind die gewaltigsten sachtesten Hände, sie berühren unabwägbar die Ferne. Aus der Ferne fühle ich mir ein ich zurückkommen.

Ich wäre also der Berührungspunkt zwischen meiner sehenden Seele und dir? Ich hebe das Visier und siehe: Die Welt geht für mich auf°. Ist mir gegeben. Die Gabe der Welt. Was mir bei diesem plötzlichen Aufgehen gegeben wird ist gleichzeitig die Welt und die Gabe. Ich sage *Welt*: Ihr Gesicht: Die physische Welt. Ihre Landschaft.

→ le monde se léve pour moi / aufgehen

Jetzt schreibe ich. Das bedeutet, dass sich in meiner schwarzen innerlichen Sanftheit die schnellen Schritte eines kommenden Buchs abdrücken. Fang mich wirft es mir zu

Das Rennen beginnt. Vor mir

Schreibt sich mein Buch. Schöpft sich, kreiert sich.

→ *s' écrit, se crée, secret* / Geheimnis

Sekretiert sich. Geheimnis°. Mit Jubel und Spielerei. Dreht sich um zu sehen ob ich folge.

Es amüsiert sich über mich während es sich kreiert. Auch darin liegt sein Geheimnis: der Beweis für die Kreation besteht im Lachen. Es ist begeisternd zu fühlen wie sich die zahllosen Vibrationen der Seele gestalten, sammeln, zu Worten kristallisieren, Zeuge des Atomregens zu werden von dem Lukrez uns träumen ließ. Millionen von Zeichen regnen herunter und bleiben in taumelnder Flut aneinander hängen. Ich schreibe mit, ich notiere. Ich nenne es »mein Buch« weil ich gerne möchte, dass es sich einfangen lässt, es streicheln, dass es sich

→ *mon amour* / Liebe-s

streicheln lässt, so wie ich »*mon amour*«° zu den Wesen sage denen ich gehöre der Liebe wegen die mich ihnen weiht. »*Monamour*« hör zu du weißt ja wenn ich *mon amour* schrei(b)e dann heißt das nicht, *mon amour*, dass du mir gehörst sondern umgekehrt, dass ich dein bin.

Ich notiere, ich will schreiben, *vorher*, zu der Zeit die noch in Fusion ist vor der ausgekühlten Erzählzeit. Wenn wir fühlen und es noch unbenannt ist. Der Schauplatz ist in den Eingeweiden mit Getöse, Ansturm. Die Knie klappern, das Herz fängt Feuer, große Abscheu, große Anziehungskraft, später wird es sich zu einem Namen befrieden. Aber zuerst ist es Leidenschaft. Unser gemeinsames Los. Der Sturm bevor es sich festigt. Dieses Ich-weiß-nicht-was-mich-quält. Die nie versiegende Kundgebung der Nerven. Mit Verwirrung und Höhepunkten. Raserei. Herzzerreißender Freude. In der Angst die Hoffnung. Ich will unsere unterirdische Seele malen. Es gibt schon Wörter. Aber noch keine Eigennamen. Außerdem gibt es hier, vorher, nichts Eigenes. Das ist der Grund warum meine Bücher ohne Titel sind. Einen Titel setzen kommt einer Geste des Besitzergreifens gleich. Die Bücher deren Schreiberin ich bin gehören aller Welt.

Eine Angestellte von Air France sagt mir am Telefon: Ich liebe ihre Bücher weil sie mich berühren. Ich bin berührt. Dass sie berührt ist rührt mich. Wir alle lieben es zu berühren – berührt zu sein. Vor allem von Büchern mit sanftem und Gewalt verheißendem Blick. Mit Ergriffenheit und Nostalgie rühre ich an die sanft wilde Berührung meiner Katze, die Katze deren Katze ich bin, und zwischen uns kein Besitzergreifen nur begnadete Momente, ohne Garantie ohne Beweis ohne einen Blick auf den nächsten Moment. Das ist Sinnesfreude. Alles ganz jetzt.

→ *mon chat ma chatte* / Kätzin

Aus den Fernen und den Stimmen die zwischen meinen Städten und Wäldern aufsteigen die hinter mir wachsen und vergehen, kommen und drängen sich Szenen am

Tor meines Rückens, sie treten ein in die geräumige Vorhalle die von folgsamer Empfindsamkeit ist ich bin nur ein idealer Esel, ich trage und horche ich gestehe meine Arbeit besteht aus Akzeptanz meine Hauptorgane sind: meine Ohren die geräumig dehnbar samtig von der nötigen Größe sind mutig auch und nie verschlossen und meine Augen die andere Ohren sind. Der Rest, oberes Herz und unteres Herz, ist an die Telefonzentrale angeschlossen. Ich fange alles mit den Ohren auf, das Murmeln, die rätselhaftesten Sätze und auch die Wutausbrüche die mein ganzes Wesen verkrampfen wenn ich einen Tropfen Gift aufs Trommelfell serviert bekomme. Vorsicht denn ich höre alles und alles. Alles was gesagt wird. Alles was weil es nicht gesagt ist anders gesagt wird.

Ich schulde dem Telefon Bücher über Bücher und werde ihm mindestens eines zurückgeben. Möge es dieses hier sein.

Um auf meine Phantommitspielerin zurückzukommen, vollkommen unsichtbar und jeder Vorstellungskraft entzogen die aber eine Stimme war, am Ende unseres Gesprächs während dessen wir nur einen Namen für zwei Stimmen hatten und das war meiner und wir waren beide unter diesem Namen vereint der uns wie ein Schirm umspannte, dachte ich dass ich ihren Namen erfragen musste bevor wir uns trennten; aber das hätte ich vielleicht nicht tun sollen. Wie heißen sie sagte ich so sanft wie möglich aber trotz der Milde war das doch die kleine Trennungswunde und das hatte ich nicht gewollt. Und sie ist scheu in ihren Namen zurückgeschlüpft und hat ihn mir zugedreht als fühlte sie sich wie hinter einer Klostertür. Also habe ich ihren Namen laut ausgesprochen, sie sagte sie hätte keinen und ich sagte, dass niemand einen hat, es gibt nur Wörter und Sätze mit Händen und Lippen und Tränen an den Augenlidern, die Namen hingegen sind Sprengstoff, man sollte sie entschärfen können, dass sie sich Eigen nennen und Stolz und Aggression, die Namen sind es die man wie ehrwürdige Exkremente verjagen muss, und ich habe sanft ihren Namen gesagt um sie kräftig bei der Hand zu nehmen und sie unter den zweistimmigen Schirm zurückzuführen. Und als wir unser Abenteuer unterbrochen haben waren wir wieder beisammen.

Meine Sache ist es unsere Emotionen in Schriftwerk zu übersetzen. Zuerst fühlen wir. Dann schreibe ich. Diese Geste des Schreibens generiert die Autor. Ich schreibe die Genesis die sich vor dem Autor ereignet. Wie soll man die Genesis schreiben? Im Moment davor? Ich schreibe über das Schreiben. Ich mache das andere Licht an.

Das geht so wie das Leben uns passiert, mit Windstößen, mit Ereignissen, die uns bruchstückhafte Elemente zutragen. Während es dennoch Zusammenhang gibt: das Zusammenhängen der Atemzüge. Ununterbrochen gehen die Unterbrechungen weiter.

Schreiben mit Fetzen, mit Sturmwolken, mit Visionen, mit gewaltigen Kapiteln, in der Gegenwart wie in der tiefsten Vergangenheit, in Voraussicht, im wahrhaftigen Chaos der Verbaltempora, indem man Jahre und Ozeane im Schritt der Götter durchquert, die Vergangenheit zu meiner Rechten die Zukunft zu meiner Linken, das ist verboten in Akademien, das ist erlaubt in Apokalypsen. Es ist eine solche Sinnesfreude. All jene die im Geheimen mit ihren jüngsten Zeiten nicht gebrochen haben sind so glücklich wenn sie unter der wohlerzogenen Maske eines Volumens die Riesigkeiten ihres magischen Stadiums wiederentdecken.

Es ist noch immer da, gleich hinter dem Denken, hinter den Augenlidern, das Land dessen Königin die dichterische Freiheit ist, und wo all jene Werte sich von Neuem bestätigen die in der vernünftigen demokratisch genannten Gesellschaft kein Bleiberecht bekommen: hier können wir sagen: Gerechtigkeit, Wahrheit, Liebe, Vergebung, Verantwortung, und eine Sprache sprechen die belächelt wird im Staat der demokratisch regiert ist von Recht, Realpolitik, Konflikt, Hass, Lüge, Verantwortungslosigkeit.

Nein, ich male nicht das Bild eines idealen Reichs. Auf der anderen Seite gibt es das Gute *mit* dem Bösen. Das Gute im Bösen, das Böse im Guten, und vor allem: Schwieriges. Auf der anderen Seite ist das Leben schwierig, man fühlt sich ein bisschen allein oder sehr allein, beim Erklimmen der Hänge dessen was der Philosoph Kierkegaard das Absolute nennt.

Und wäre da nicht der Esel der Abraham° Gesellschaft leistet wäre es höllisch. Aber der Esel ist da. Das Tier – darauf komme ich noch zurück –, das der Verlassenheit eine Grenze setzt. Die Bibel gibt das Gespräch nicht wieder das Abraham auf dem Berg Moria mit dem Esel geführt hat. Und das wundert mich gar nicht. Dabei muss man ihnen nur nachgehen. Und man hört sie reden. Ich möchte dem Esel mit Abraham das Wort zurückgeben. Man sagt zu einem Esel keine Eseleien° und Dummheiten, seid Ihr einverstanden? Zu einer Katze auch nicht. Nur zu einem anderen Menschen sagt man Dummheiten, man quatscht, man schweift ab, man lügt.

→ *Abrah-âme* / Abraham

→ *bêtise* / bestia

Mit dem Esel kommt man auf den Punkt, und zwar sofort.

Ich schreibe über den Esel. Auf dem Esel°.

→ *j'écris sur l'âne* / über, auf

Jetzt gerade versuche ich die Mysterien des Übergangs, des Passierens aufzufangen um sie euch anzuvertrauen, dies ist ein Versuch etwas zu notieren das viel schneller ist als mein Bewusstsein und meine Hand. Aber – das Passieren hinterlässt Spuren, glücklicherweise. Man muss schnell machen. Keine Zeit zu lernen.

Ich befehle nicht, ich konzepte nicht, ich verfolge was schneller ist als ich°. Es kommt vor, dass ich vier Hasen gleichzeitig nachjage und ganz außer Atem und verrenkt° bin. Also halte ich inne und verschnaufe.

→ *dépasser*/überholen, Passwort
→ *désarticulée* / nicht zusammenfügen, artikulieren

Wenn ich schreibe tue ich nichts mit Absicht, außer innehalten. Mein einziger willentlicher Eingriff ist die Unterbrechung. Brechen. Wegschneiden. Weglassen. Wegschneiden ist eine Kunst die ich mir angeeignet habe. Nichts ist natürlicher und notwendiger. Alle Lebewesen Säugetiere oder Pflanzen wissen, dass man Wegschneiden und Stutzen muss damit das Leben neu auflebt. Lebendiges abknipsen. Bös' wehtun° um Gutes zu tun.

→ *faire mal* / weh tun, Gutes tun

In der Sprache liebe und praktiziere ich das Springen und die Abkürzung, die Ellipse, das Asyndeton. Geschwindigkeit ist ein Mittel sich gegen Unehrlichkeit zu wehren. Ein Schauspieler der zu langsam spielt lügt. Aber natürlich ein Schauspieler der zu schnell spielt, nur einen Tonfall kennt und seine Wörter verschluckt lügt auch.

Man muss mit der Sprache schnell und richtig spielen wie ein ehrlicher Musiker.

Die Sprache, gesegnet sei sie, hat unzählige Beschleunigungsquellen, und auf diese Weise kommt sie den Lebensprozessen nah die schneller sind als der Blitz.

Diese Geschwindigkeit ist nicht oberflächlich. Sie schlägt tief ein. Sie ist Gnade. Ich bin idiomatisch begnadet. Diese Gnade ist mir zuteil geworden ich weiß weder warum noch wie. Ich empfange und unterhalte sie.

Der Text stößt mir für meine verlangsamte Aufnahmefähigkeit zu schnell zu. Was tun? Ich notiere den Windstoß. Mein Satz behält etwas bei von dieser Telegrafie .

Ein Buch schreibt sich schnell. Wieviel Zeit haben sie gebraucht dieses Buch zu schreiben? Es gibt einen langen Zeitraum und es gibt einen kurzen Zeitraum. Dazu fügen sie mein ganzes Leben.

Es gibt Tragezeit und Geburt. Das Buch schreibt sich mit großer Geschwindigkeit wenn es ausgetragen ist. Ich habe immer schnell und schmerzlos geboren – zum Termin.

Aber vorher, was da das Licht des Tags erblicken wird, wo ist er, wie bereitet sie sich vor? Ich fühle es nicht. Der Bauch ist die ganze Welt. Das Kind entsteht von rechts von links. Während Monaten, Jahren. Ich mache es nicht, die Sache sekretiert sich an der Kreuzung zwischen meinem denkenden Körper und dem Fluss der lebendigen Ereignisse. Ich werde nur die Pforte und die Überbringerin der Worte° sein. Der linguistische Rezeptor.

→ *porte* / Wortträger*in

Kommt die Zeit der Immanenz. Eine Lust zu schreiben steigt in meinem Körper auf und ergreift mein Herz. Alles klopft schneller. Der Körper als Ganzes bereitet sich vor. Ich sage zu meiner Tochter: »Ich habe Lust zu schreiben.« Das lässt sich weder verweigern noch verwerfen. Ich sage nicht: »Ich habe eine Idee.« Ich habe nicht die geringste Idee was dieses Buch werden wird. Aber sehr bald drängen sich Szenen herbei, Sätze und kaum habe ich ungefähr zwanzig Seiten notiert entdecke ich nicht den Inhalt sondern die Richtung, die Wege und den Gesang des Buchs.

Manchmal bereite ich mich darauf vor etwas zu sagen: »Ich habe ein paar Sachen zu sagen«, denke ich. So bereite ich zwei oder drei Tage lang mein Seminar vor. Wenn der Tag gekommen ist, läuft alles ganz anders als vorgesehen: Was ich sage hat sich unendlich weit davon entfernt womit ich gerechnet hatte. Manchmal will ich einem Menschen der mir lieb ist essentielle, komplexe Dinge sagen. Ich schreibe sie auf. Ich werde sie später am Telefon sagen°. Ich werde sie unserem Telefon sagen. Unser Telefon ist unser Esel der zum Stillstand gebracht auf dem Tisch steht bei meiner Hand. Es ist die Muschel unserer gemeinsamen Heiligkeit, das Überschallgefährt, es ist unser persönliches Tier, das Telefon-(an)gerufene Wesen ist sehr körperlich und sehr spirituell, kurz es hat das Zeug° nach außen hin unsere Hütte zu sein während es gleichzeitig unser Reittier für Wunder und unsere innerlichste Glückshöhle ist. Es gibt nichts Lebendigeres Alltäglicheres Göttlicheres Liebenswerteres-und-Furchtbareres Vertrauteres und Unvertrauteres als dieses Instrument-das-ein-Gespräch-erlaubt zwischen zwei voneinander entfernten Menschen. Das Objekt selbst gleicht dem Knochen einer Ochsenschulter. Zwischen abonniertem Anrufer und abonniertem Angerufenen

→ *parler au téléphone* / Mit dem oder am Telefon sprechen

→ *esprit* / Spiritualität des Telefons

Jetzt läutet das Telefon. Und es bist du. Mit dir vermeide ich Plaudereien immer denn sie sinken vor dem Leben tot um. Um das Wesentliche zu sagen, beeile ich mich, ich schnelle einen Satz von großer Dichte ab der sich in deine tiefe mysteriöse Innerlichkeit gräbt. Mit dem ganzen Gewicht eines Gebets. Der Satz ist jetzt in deinem immerlichen° Schweigen auf Reisen.

→ *internel* / Kofferwort aus ewig und innerlich

Man erreicht nie ein *erhofftes* Ziel. Aber man kann ein unverhofftes Ziel erreichen. Manchmal kann das gute Überraschungen für mich mit sich bringen.

Es war eine von Winden durchgeschüttelte Stunde und allein, die Ohren von den großen Fußtritten des Windes hin- und hergerissen, zog ich mit gesenktem Kopf meines Weges auf dem Papier. Ich war dabei zu schreiben: Aber das Telefon läutet. Und ich schrieb: und es bist du. (Ich meine das Telefon selbst.) Da hat das Telefon geläutet, dieses hier, und es warst du. Es warst du! Und ich explodierte vor Lachen. (Es muss gesagt sein, dass ich dich nicht erwartet hatte.) Und es warst du und ich sagte dir: Oh *mon amour*, ich war gerade dabei zu schreiben: aber das Telefon läutet. Und du bist es. Und du sagst zu mir: nicht möglich! – Ich schwöre es dir! sagte ich leidenschaftlich. Und du sagst zu mir: aber bist du sicher, dass das in der Außenwelt passiert, es ist nicht im Text?

Hier kann ich nicht weiter. Ich weiß nicht wo außen passiert oder ob der Text innen ist, innen außen, oder ob der Text selbst außen ist, oder ob außen im Text drinsteckt. Das ist es was passiert wenn man schreibt was passiert. Aber ich kann hier festhalten, dass ich sicher bin. Ja ich bin sicher, dass ich sicher bin.

Ein Buch hat nicht einen Kopf und Füße. Es hat keine Eintrittstüre. Es schreibt sich von überallher gleichzeitig, man kommt durch hundert Fenster hinein. Ein Buch ist ungefähr rund. Aber weil es sich, um zu erscheinen, an ein rechteckiges Parallelepiped anpassen muss zerschneidet man irgendwann die Kugel, plättet sie, macht sie rechteckig. Man gibt dem Planeten die Form eines Grabs. Dem Buch bleibt nur noch die Wiederauferstehung abzuwarten.

Aus dem Leben

All diese Szenen, all diese Ereignisse die nur einmal stattfinden. All das Wiederbeginnen das neue Anfänge darstellt. Gartenmomente im Frühling: die Spaziergänge im Garten mit meiner Tochter und meiner Mutter bleiben unvergesslich. Zehn-Jahre-her wachsen heute neu. Meine Mutter meine Tochter und ich wir generieren einander gegenseitig.

Wenn man sie nicht in dem Moment einfängt wo sie passieren, sind diese Pulsschläge für immer verloren. In dem Augenblick wo sie uns beim Passieren streifen, pfeifen sie uns in den Ohren, wecken sie in uns wenn sie an die Türen unserer Sinne klopfen, an unsere Ohren, an unsere Nasenflügel, noch nie geformte Gedanken. Wenn man sie nicht »im Flug«, »aus dem Leben« greift, bei den Fransen ihrer Kleider, beim Saum, an den Wortspuren, an den Fingerspitzen, mit den Fingerspitzen°.

→ *par le bout des doigts* / Doppeldeutigkeit der Fingerspitzen

Also, auf sich tragen, ein Heft, ein Stück Papier und die sich überstürzt niederschlagenden Spuren des Augenblicks auffangen. Die die mit großer Geschwindigkeit eintretende Vergangenheit in ein paar Minuten verschlucken wird. Was gerade eingetroffen ist wird den Tod finden. Seltsame und aufregende Begegnung des Lebendigen mit seinem Ende. Man kommt vorwärts indem man zurücklässt. Menschliches Schicksal: Vergessensfutter° sein. Und nichts lebhafter wollen als dem Vergessen seine Beute entreißen, als das Passierende präsent zu halten.

→ *chair à oubli* / Erinnerung an Kanonenfutter

Kampf mit der Trauer. Man muss vergessen damit man sich unberührt re-präsentieren kann, damit man sich unberührt dem neuen Jahr übergeben kann.

Man muss dem Tod seinen Teil lassen.

Wir sterben viel. Wir beerdigen massenhaft. Wir bedecken die Gräber und Beerdigungen mit fruchtbarer Erde. Den lebendigen Augenblick mit den nahsten und zartesten Worten nehmen. Ohne Wörter als Zeugen ist der Augenblick nicht (wird er nicht *gewesen* sein). Ich schreibe nicht um zu behalten. Ich schreibe um zu fühlen. Ich schreibe um den Körper des Augenblicks mit den Wortspitzen zu berühren.

Vor allem keine Zeit damit verlieren von außen nach innen zu passieren. Der erste Satz eilt wie ein Pfeil und pflanzt sich ins Herz der Immerlichkeit°. Er pflanzt die

→ *internité* / Kofferwort aus Ewigkeit und Innerlichkeit

Erde der Immerlichkeit. Vor ihm war keine Erde da. Und schon, gleich sofort, platzt unter den Füßen (den Füßen den Hufen des Satzes) die Weite eines Landes auf das zu entdecken ist.

Weder Vorrede noch Vorzimmer. Eine Fremde Sprache muss von den ersten Worten an erklingen.

Ein Satz tritt vor. Und es wurde Buch. Und man hatte es noch nie gesehen.

Man springt von Satz zu Satz.

Ich liebe die vielfältigen Mächtigkeiten der Sätze. Oft kommen die Ereignisse meines Lebens in Sätzen oder sind Sätze.

Aber keine Fabriziererei, keine mechanische Herstellung. Umwerfende oder verblüffende Sätze kommen überraschend. Wie göttliche Weisungen: Prophezeiungen der Gegenwart. Wenn man einander hören könnte! Wenn man sich sehen könnte! Wenn man einander läse. Ein Komma wiegt Kleopatras Nase auf. Und umgekehrt. Meine Schicksale stehen auf einem Wort auf der Kippe.

Die Wörter – was für ein Glück und was für eine Energie!

Wir mögen wohl vergessen wo wir herkommen, aus welch' fernen fremden Landen, ϑ sie ƃ, die ƃ Wörter ϑ, erinnern sich daran in unserem Mund selbst. Sie sagen alles gotisch und griechisch, sie lassen es die Sprache ausspucken. Sie gestehen unsere allerschlechtesten Gedanken. Man braucht nur unseren Politikern zuzuhören: der verdrehte Gebrauch den sie von den Wörtern machen. Die Wörter zeigen die »Enge der Verhältnisse« an. Viele Leute bilden sich ein, dass Wörter Zähne sind in einem Gebiss. Oder Fossilien.

Aber nein. Die Wörter (ich habe sie mit eigenen Augen gesehen als ich drei Jahre alt war) sind unsere Heinzelmännchen, unsere Gnome, unsere winzigen Arbeiter in den Minen der Sprache. Manchmal sind es skandinavische Tomte dann wieder Kobolde. Sie wissen natürlich was in den mehr oder weniger gut unterhaltenen Ecken unserer Hintergedanken passiert. Da alle Welt das nicht wissen will, kriegen wir alle die Wörter die wir verdient haben. Diese kleinen so uralten Agenten machen dauernd Witze und beschenken uns im Geheimen. Pech für alle die Wörter für abgegriffene Kieselsteine halten. Mich lenkt eine etymologische Vorahnung. Sagen wir es ist ein Flair. Ich rieche den Geruch des Ursprungs an den vertrautesten Wörtern. Jetzt gerade wende ich mich im Indo-europäischen an euch. Die Hälfte des Wegs, die Hälfte der Fahrt machen die Wörter für uns, sie machen sich auf und kommen vom Skamandros, vom Rhein und vom Ganges unverbrauchten Fußes den Klangboden des Textes anzuschlagen.

Ich fühle, dass in jedem Buch Wörter mit unter dem Text verborgenen Wurzeln kommen und gehen und zwischen den Linien ein anderes Buch fertigen. Plötzlich bemerke ich seltsame Früchte in meinem Garten. Diese verbalen Heinzelmännchen sind es die sie haben wachsen lassen.

Und was die Wörter miteinander machen, diese Paarungen, diese Hybridisierungen, das ist Genie. Erotisches und fruchtbares Genie. Ein Gesetz des Lebendigen steht ihren Kreuzungen vor. Nur Wörter die einander lieben säen und streuen aus°. Heimliche Untergrundsemantik.

→ *s'aiment, sèment* / sich lieben, sich ausstreuen

Die Sprache ist nicht fertig. Wir alle können vorübergehend Weltenschöpfer sein und Neugeborene ins Leben rufen. Die Sprache unterzieht sich gerne solchen genetischen Wundern.

Ich liebe was wächst (*croît*). Alles was glaubt (*croit*) wächst (*croît*) bis es reift und stirbt. Aber sterben ist nicht was man glaubt (*croit*). Ich liebe das Wort wachsen (*croître*), Mutter und Tochter, ich liebe die Tochterwörter die ihre Mutter tragen. Ich liebe die alten Frauen die generieren, die Leben geben. Die Sprache ist eine Alte die zur Welt bringt.

Ein neugeborenes Wort bewegt uns. Ein Wort, aus der Liebe zweier Wörter geboren ist kein Konzept. *Pfeilige. Internité*. Es ist einfach ein poetisches Individuum.

Vorbilder? Kein Vorbild: da wo ich hingehe gibt es keine, die wilde Erde ist noch in Erfindung. Aber während ich allein vordringe in der beweglichen Nacht, nehme ich die Signale anderer nächtlicher Schiffe wahr die unter demselben Himmel passieren. Denn da ist immer diese berühmte Geheimgesellschaft, die Freimaurerei der Wachenden, das vollkommen zerstreute Diasporavolk der Grenzgänger. Keiner imitiert den anderen.

Aber jeder erkennt, dass der andere auch berufen ist. Und man hört ihre Passwörter erklingen. Es gibt nicht ein geeintes Passwort, ein Schibboleth. Jeder hat seine , je nach Sprache, und die ganze Sprache jedes einzelnen ist Schibboleth. Die klingende Nacht ist eine Karawane. Kayrawan ist im 13. Jahrhundert aus Persien gekommen. Und fühlen, dass tote und überlebende Sternsucher die Einsamkeit teilen ist beruhigend. Die Einsamkeit jeder Schrift ist immer geteilt.

Nautorin

Zweifelsohne ist es der Tod meines Autors der in mich den Zwang gepfropft hat Sätze zu machen. Ich muss schreiben, sonst wird die Welt nicht existieren. Ich muss alles machen: die Frühe, die Welt, die Nacht, den Tag, den Garten, die Rennen, die Länder; und ich selbst hänge von dieser Geste ab.

Ich schreibe um den weggestorbenen Autor zu ersetzen. Ich sage nicht »verschwunden« denn verschwunden ist er nicht ganz: er ist ein Wiedergänger . Ich kann nicht nicht schreiben: ich muss die Jahrestage weben. Pflanzen, bauen, errichten ... All das bedeutet den Tod auf Distanz halten. Es ist nicht Bedürfnis nach Herrschaft oder Triumph. Es ist die Anfertigung des Floßes über dem Nichts.

Ich habe es oft gesagt, als mein Vater überstürzt enteilt ist hat er den Boden der Welt und den ganzen Tempel mit sich fortgerissen. Es war erschreckend diese Ruine anzusehen. Und was ist daraufhin mit der Familie geschehen? Jeder hat ausgeholt den Abgrund zu saturieren. Meine Mutter ist Hebamme geworden. Mein Bruder ist fast Hebamme, er ist Kinderarzt. Alle haben wir uns am Geburtsprozess zu schaffen gemacht. Ich habe begonnen Zeit zu weben. Ein Jahr ohne Buch, das ist mir nie passiert, ein Jahr ohne Lebensgewebe. Aber ich kann bis zu acht Monaten, neun Monaten sein ohne eine Welt auf die Welt zu bringen in der ich mich unterbringen kann. Mehr nicht.

Diese Welt ist in erster Linie eine Hilfsbühne, damit die Figuren des Theaterstücks ihren Einzug halten können.

Ein Buch schreibt sich schnell, in sich selbst befruchtender Sprache, dicht, präzise, polyglott und polyphon.

Aber wie kommt es, dass ich diese geschriebene Sprache nicht spreche wenn ich rede? Kann ich mit meiner Stimme nicht in die Luft schreiben? Wenn ich rede, keine Schrift, nur Diskurs.

Antwort: der Text braucht das Papier. Erst beim Kontakt mit dem Papier tauchen die Sätze auf. Als flögen sie mit mächtigen Flügelschlägen aus einem versteckten Nest unter dem Papier auf. Es *schreibt sich* nichts in meinem Kopf. Der Kontakt zwischen meiner Hand und dem Papier ist unerlässlich. Ich bin keine Intellektuelle. Ich bin Malerin. Kein Computer. Man malt nicht mit einem Computer. Ich male, ich ziehe die

Sätze aus dem geheimen Brunnenschacht. Ich male das Passieren: man kann es nicht sagen. Man kann es nur tun. Nein, nie Computer. Der Gedanke an die Maschine-die-nicht-ich-ist und die mich mit ihrem Auge ansieht und mir die Wörter ins Auge zurückreflektiert ist Polyphem für mich. Gleich schlüpfe ich unter den Bauch eines Schafs und Körper an Körper mit dem Tier, das Gesicht in der Wolle vergraben, fliehe ich den COMPUTER der meine NACHT anstarrt.

Nein, kein Auge im Angesicht meiner Blindheit. Ich schreibe ohne zu sehen, dass ich schreibe was ich schreibe. Wie wenn man Liebe macht. Ein Machen von perfekter Geschicklichkeit und Notwendigkeit, aber man schließt die Augen um den Körper nicht abzulenken, um ihn von seiner intimen Laufbahn nicht abzubringen.

Wie wenn man Liebe macht mit dem Geliebten , dem Einzigen , dem der mich ist,

dem man sich anvertraut wie seiner eigenen Mutter , an den ich mit geschlossenen Augen glaube, und ich schließe die Augen um (ihm) besser zu glauben, und damit es das Außen nicht gibt, und damit wir beide miteinander in der Hand derselben NACHT sind.

Ich schreibe dir. Ich schreibe dir und ich schreibe *dich*. Ich werde nie genug sagen können was (ich) mein Schreiben dir schulde(t).

Ich wende mich° an dich. Du bist meine Adresse .

→ *s'adresser* / Adresse, Geschicklichkeit

Jedes Buch ist auf gewisse Weise ein Brief der von dir empfangen werden will.

Aber ich schreibe nicht *für* dich: ich schreibe *durch* dich, indem ich dich passiere, wegen dir. Und dank dir ergreift jedes Buch die ganze Freiheit. Eine wahnsinnige Freiheit, wie du es nennst. Die Freiheit nicht zu gleichen, nicht zu gehorchen. Aber das Buch selbst ist nicht wahnsinnig. Es hat seine tiefe Logik. Aber ohne dich hätte ich Angst vom Berg WAHNSINN nie wieder zurückfinden zu können. Aber ich kann mich ohne Angst verirren da du mich behütest. Dieses Buch ist keine Erzählung, es ist kein Diskurs, es ist eine poetische Maschine, das Korn des Satzes ist Gedicht. Da du wachst, gibt sich dieses Buch die Freiheit den Gesetzen der Gesellschaft zu entspringen. Es entspricht keinem Fahndungsbefehl, es antwortet auf keinen.

Einem Leserpolizisten kommt es vor wie ein anarchisches Ding ein ungezähmtes Tier. Es löst den Reflex zur Verhaftung aus. Aber die Freiheit die sich mein Buch gibt ist nicht unsinnig. Sie macht das Recht auf Erfindung, auf Forschung geltend. Man forscht nur nach dem was noch niemand gefunden hat, was aber dennoch existiert.

Das Wort *Dieu* (Gott): das Wort *d'yeux* (Augen). *Mélodieux*, melodisch. Der Name *Dieu*.

Wen nenne ich Gott, was nenne ich Gott? Notwendigkeit des Wortes *dieu*. Keine Sprache kann ohne ein Wort *dieu* auskommen. Ich liebe das französische Wort *dieu*. Das Wort – Gott. Das Wort sagt sie (*dit eux*). Die Welt (aus) augen (*Le monde yeux*).

Diese Seite schreibt sich ganz von selbst, das ist der Beweis für die Existenz von *dieux* ° (Götter).

→ *dieux* / Unhörbare Mehrzahl

Dieu ist schon immer *di/eu*, *di/visé*, di/vidiert, zerteilt, *visé*, von uns ins Visier genommen, getroffen, gespalten. Lippen öffnen sich in seinem abwesenden Angesicht. Und er lächelt uns zu. Das Lächeln Gottes spricht die Wunde aus die wir ihm sind.

Ich habe nie ohne DIEU geschrieben. Eines Tages ist mir das vorgeworfen worden. Aber *dieux*, sagte ich, ist das Phantom der Schrift, ihr Vorwand und ihre Verheißung. *Dieu* ist der Name all dessen was noch nicht gesagt worden ist. Ohne das Wort GOTT das die unendliche Vielfalt dessen beherbergt was gesagt werden könnte wäre die Welt auf ihre Rinde reduziert und ich auf meine Haut. Gott steht für alle Namen die noch nie erfunden worden sind. Gott ist das Synonym. Gott ist nicht der Gott der Religionen, der wie Samson der Esel ans Rad der Religionen gefesselt ist.

Sein wahrer Name ? Am jüngsten Tag wird man ihn kennen, versprochen.

Die Macht die mich schreiben lässt, der *immer unerwartete Messias*, der Wiedergänger oder die Wiederkehr, das bist du.

Alle Welt weiß es, man darf den Messias nicht erwarten, er kommt nur immer-fort.

→ *tu viens de partir* / Du kommst gerade vom Gehen

Immer-fort kommst du°. Fortgehen ist Bedingung für Wiederkommen. Daraufhin beginnt ein: »Ich glaube-dass-du-wiederkommst.« Es ist immer begleitet von einem Aber wenn …? *Aber wenn* du nicht wiederkämst??

Es ist ein ich will das nicht zu glauben wagt. Nicht-zu-glauben-Wagen ist eine Form sehr behutsamen Glaubens.

Die Versuchung nicht zu glauben und der Glaube holen im selben Atemzug Luft.

Ich *glaube*, dass du kommen wirst und dieses Glauben ist begleitet von seinem ihm untrennbar verbundenen Doppel das (ein) *und-wenn* ist.

Kurz bevor du kommst, wenn ich beinahe deine Schritte höre, bin ich *mit Glauben geschlagen*, obwohl ich *wusste*, dass du kommen würdest. Und ich beginne zu zittern.

Wissen ist nicht *glauben*. Wissen glaubt nicht. Wissen ist fieberfrei und leblos.

Denkende-ich warte auf dich. Und da gibt es eine-andere ich die zittert.

Ich glaube nicht an das Wunder. An das Wunder darf man nicht glauben. Wenn du ans Wunder glaubst, dann gibt es keins.

Ich habe eine Katze die Wunder heißt so sehr hat sie mich überrascht.

In meiner Schreibnacht bin ich den Gesetzen der Gastfreundschaft unterworfen. Ich nehme die neu angekommenen Vokabeln in Empfang. Und wenn sie wieder abreisen wollen halte ich sie nicht zurück.

Ich unterwerfe mich dem was kommt, und dem was wiederkommt. Deshalb zittere und fürchte ich. Ich habe Angst, dass der Messias kommt und ich habe Angst, dass der Messias nicht kommt.

Hätte ich gewusst, dass mir eine Katze zustoßen würde oder dass eine Katze mir eines Tages zustoßen würde, hätte ich nein gesagt. Ich hätte nicht gewollt.

So ist sie gekommen. Die Ungewollte. Die total Unerwartete. Die nie zuvor Erwünschte.

Und daraufhin liebe ich sie. Man kann das Findelkind nicht nicht lieben. Was man liebt ist was man sich nicht gewünscht hat. Etwas Erwünschtes das eintrifft befriedigt erregt aber keinen Enthusiasmus. Enthusiasmus spricht von Gott. Das Wort Enthusiasmus ...

Mehr als alles auf der Welt liebt man die Kreatur die man nie erwartet hätte. Nie zu lieben gedacht hätte.

Ich, eine Katze?

Das hier ist ein Kapitel eines Buchs dessen Name die Imitation der Katze sein könnte.

Wie kommt ein Buch? Wie eine kaum entwöhnte Katze die eine kleine Pfotenhand unter dem Holzherd hervorstreckt. Und ein paar Tage später ist sie es die euch die Menschheit erklärt.

Wer hätte geglaubt, dass ich ein Tier *lieben* könnte und eine Katze imitieren? Und jetzt glaube ich.

Von ihr habe ich schon vieles gelernt. Sie bringt mich der Bildung der Seele näher.

Der Sinn für Lachhaftes, das ist der erste Unterschied zwischen einem Gott und mir. Der Sinn für Lächerliches ist meine moderne komische Dimension. Wenn der Zwerg ein zu großes Kleid anzieht und der Riese einen zu kleinen Schuh, stolpern wir. Der Gang ist schwerfällig, ungleichmäßig. Fehlleistung, Lapsus, Aus-den-Fugen-Sein, Vermessenheit, meine Geschichte ist lächerlich wie die Deine. Die Kleinlichkeit der großen Figur wird durch ihre Größe noch vervielfacht. Politiker sind besonders lächerlich. Sie stolpern über ihre Zunge und glauben uns Befehle erteilen zu können.

Fallen ist lächerlich. Aber in der Bibel lacht man nicht. Den Gott hindert der Sinn für die Sünde am Lachen. Die angerempelte Grenze ist es was lachen macht.

In meiner Bibel haben wir Sinn für Lächerliches. Das ist eine große Freiheit. Man kommt in ihren Genuss wenn man dem Zwang Reue zu bekunden nicht unterliegt. Aus dem Paradies vertrieben, mache ich mich überstürzt auf den Weg und konkret ohne Zeit gehabt zu haben eine Dusche zu nehmen. Daraufhin verbringe ich den ganzen Tag damit ein Badezimmer zu suchen. In vollkommenem Widerspruch zum epischen Dekorum.

Und die Brillen? Kann man sich heutzutage eine Literatur ohne Brillen vorstellen? Wie machten das nur die kurzsichtigen Helden vor Troja?

Man kann sich nicht vorstellen, dass Phaedra mit Brillen die Bühne betritt. Und dennoch? Kleopatra mit Brillen tut uns Gewalt an. Ich will, dass Phaedra sich nicht schämt eine Brille zu haben.

Meine Anstrengung in Sprache und Inhalt besteht darin Verbote und falsche Scham zu brechen. Das ist der Grund warum ich so gerne bei den Träumen zu Besuch bin: ich bewundere sie für ihre Fähigkeit nicht zu diskriminieren. Bei ihnen herrscht das gleichmäßige Licht vor den Schuldgefühlen. Weder Stolz noch Scham. Nur im Traum sind wir stark und großzügig genug GOTT ins Angesicht zu sehen wenn er vor Lachen explodiert. Diese Schöpfung, na sowas! Diese Kreaturen! Das muss man mal hinkriegen! Und ich lache auch GOTT dabei überrascht zu haben, dass er tut was er noch nirgends sonst getan hat.

Anmerkungen der Übersetzer*in

Claudia Simma

Abrah-*âme* / Abraham

An gewissen Textstellen kommt in diesem »Gespräch mit dem Esel« der *âne*, der »Esel«, und mit ihm das Wortwesen, das *animot* oder vielmehr *âne-imot »âne«* explizit vor. Hier beispielsweise erscheint *âne* in (telefonischer?) Verbindung mit *Abraham* und gleitet so, über Paronomasie, lautlich in Abrahams ehrwürdig-biblischen Namen. Abraham, auf den abschüssigen Hängen des Absoluten, wird so auch lautlich vom *âne* mitgetragen: Abrah-*âne*. Gleichzeitig wird das Tier, *animal* oder vielmehr *âne-imal*, über dieses sprachliche Klangspiel, philosophisch mit der Seele, *âme*, zusammengelegt, die im Französischen dem *animot* »Abraham« bzw. »Abrah-*âme*« ebenfalls poetische Tiefe verleiht.

animots/Wortgeschöpfe

Animots: unübersetzbares Kofferwort. Die zweite Silbe des Plurals *ani-maux* von *animal* »Tier, Lebewesen« klingt genau wie *mot* »Wort« oder *mots* »Wörter«. Das so entstandene Wortgeschöpf ist teils Tier, teils Wort und lädt ein zu denken, dass Wörter Lebewesen sind, die im Geheimen in Sprache und Text leben und weben, das heißt, deren Eigenleben sich poetisch einschreibt und lesen lässt.

bêtise/bestia

On ne dit pas de bêtises à un âne …: Das Wort *bêtise* »Dummheit« ist von *bête* abgeleitet, das als feminines Substantiv (*la bête*) im Französischen alle Tiere bezeichnet, den Menschen ausgenommen. Als Adjektiv heißt *bête* »dumm«. Diese Wörter kommen von lat. *bestia* »(wildes) Tier«, das im Lateinischen auch schon Tierheit mit Dummheit gleichsetzt und oft als Beleidigung benutzt wurde.

captation/Aufgezeichneten

Captation ist ein sehr vieldeutiges Wort. In einem Kontext, wo es um Sehen und Sichtbares geht, kann man annehmen, dass es sich um eine »Aufzeichnung«, eine »Aufnahme« handelt. Man spricht beispielsweise von der *captation* eines Theaterstücks, wenn eine Aufführung gefilmt worden ist. Aber in dem Wort schwingt natürlich *capter* mit: »fangen, einfangen«.

chair à oubli/Erinnerung an Kanonenfutter

... chair à oubli: Ausdruck, der an *chair à canon* »Kanonenfutter« erinnert. Im Französischen liegt die Betonung stärker auf dem Körper als im Deutschen, da *chair* »Fleisch« bedeutet.

dépasser/überholen, Passwort

... ce qui me dépasse: Das Verb *dépasser* »überholen, schneller sein als«, aber auch »(jemandes Verständnis) übersteigen« gehört mit zu der oben (cf. S. 41) erwähnten Serie der Passwörter und *animots*.

désarticulée/nicht zusammenfügen, artikulieren

... désarticulée: Spiel mit der Doppeldeutigkeit des Verbs *articuler* »zusammenfügen« aber auch »(sprachlich) artikulieren«.

dieux/Unhörbare Mehrzahl

dieux: Der Unterschied zwischen der Einzahl *dieu* »Gott« und der Mehrzahl *dieux* »Götter« ist im Französischen nicht hörbar. Man kann ihn nur lesen.

distraire/entziehen

Distraire (kursiv hervorgehoben im frz. Text) und nicht *soustraire* »abziehen, entziehen« wie eigentlich erwartet. Der Text spielt mit *distraire – distraction – distraite* (dieses Femininum geht in der Übersetzung leider verloren ...), vielleicht um die Verbindung zur dekonstruktiven *dissémination* anzudeuten.

distraite/zerstreut

Distraite ist hier mit »zerstreut« übersetzt.

esprit/Spiritualität des Telefons

... bref il a l'esprit ...: Das frz. Wort ist *esprit*, »Geist«, und nicht »Zeug«, wie notgedrungenermaßen in der Übersetzung. Das Telefon ist auf diese Weise im Französischen deutlicher mit Eigenleben versehen. Außerdem unterstreicht die Wiederholung ... *l'être appelé-téléfone il est très corporel et très spirituel, bref il a l'esprit d'être notre hutte extérieure* die besondere Art von Spiritualität, die dem Telefon innewohnt.

faire mal/weh tun, Gutes tun

Faire mal pour faire du bien: Im Französischen bedeutet *mal* gleichzeitig »böse, schlecht« und »weh«. *Faire mal* heißt eigentlich »weh tun«, aber die Nähe von *faire du bien* »Gutes tun, guttun« lässt hier beide Sinne mitschwingen.

internel/Kofferwort aus ewig und innerlich

... internel: Kofferwort aus *éternel* »ewig« und *interne* oder *intérieur* »innen, innerlich«.

internité/Kofferwort aus Ewigkeit und Innerlichkeit

... internité: Kofferwort aus *éternité* »Ewigkeit« und *internité* »Innerlichkeit« cf. *internel*.

J'écris à l'autre lumière/Treibstoff des Schreibens

Die Sätze *J'écris à l'autre lumière* und *J'écris la nuit* haben je mindestens die zwei Bedeutungen, die in der Übersetzung erscheinen. *J'écris à l'autre lumière* kann außerdem auch noch bedeuten, dass das andere Licht sozusagen der Treibstoff des Schreibens ist.

j'écris sur l'âne/über, auf

J'écris sur l'âne: Doppeldeutiger Satz, weil nicht entschieden werden kann, wie *sur* »über, auf« verstanden werden soll. Beide Sinne sind impliziert.

je fais la nuit le jour/Nachtlicht

... je fais la nuit le jour »ich mache Nachtlicht«: Unübersetzbarer und sehr interessanter Moment im Text, in dem der Ausdruck *facere veritatem* »die Wahrheit machen« mitschwingt, den der hl.

Augustinus in seinen *Confessiones* prägt. Die Wahrheit ist hier nicht dem Tageslicht verbunden, sondern bei Tag Nacht machen deutet mit an, dass auf andere Weise eine andere Wahrheit als die traditionell metaphysische gesucht wird.

jour/Tag

Das frz. Wort *jour* bedeutet sowohl »Tag« als auch »Tageslicht«. Der Ausdruck *voir le jour* zum Beispiel, heißt »geboren werden, auf die Welt kommen, das Licht der Welt erblicken«. Das Spiel mit den verschiedenen Sinnen des Wortes *jour* im Text erinnert an Maurice Blanchots *La folie du jour.*

Wenn ein Wort oder ein Satz offensichtlich mehrdeutig ist, habe ich die Wahl getroffen, die Übersetzung mehrere Sinne abtasten zu lassen.

le monde se lève pour moi/aufgehen

... le monde se lève pour moi: Se lever bedeutet »sich erheben, aufgehen«. *Le monde se lève* klingt wie eine Verfremdung von *la lune se lève* »der Mond geht auf«.

mon amour/Liebe-s

Mon amour: Ausdruck, der sich schlecht ins Deutsche übertragen lässt. Wörtlich übersetzt bedeutet er »meine Liebe« und ist eine im frz. sehr gebräuchliche Weise, sich an jemanden zu wenden, den man liebt. Im Deutschen könnte man *mon amour* vielleicht mit »mein Liebes« übersetzen, verlöre dabei aber die Liebe selbst, *amour,* die auf etwas viel Absoluteres hinweist.

mon chat ma chatte/Kätzin

... mon chat ma chatte, la chatte dont je suis la chatte ...: Im Französischen ist das Wort für »Katze« maskulin: *le chat.* Das Femininum *chatte* bezeichnet wirklich eine »Kätzin«, eine weibliche Katze. Außerdem hat das Wort *chatte* auch eine sexuelle Konnotation und bezeichnet im umgangssprachlichen Gebrauch oft das weibliche Geschlecht, ein bisschen wie *pussy* im Englischen.

nuit/Nacht

Das Wort *Nuit* erscheint im frz. Text mit einem Großbuchstaben, wahrscheinlich um den göttlichen Charakter der NACHT anzudeuten, von dem hier die Rede ist. Im Folgenden stehen Wörter, die im französischen Text mit einem Großbuchstaben geschrieben sind, in der deutschen Übersetzung in Großbuchstaben, damit dieser Unterschied sichtbar bleibt.

passer/Passage – Überschreiten, übergehen

Dieser Absatz spielt mit dem Bedeutungsreichtum von *passer* »übergehen, passieren«: *passage* »Übergang«, *mots de passe* »Passwörter«, *mots passants et passeurs* »passierende, vorbeikommende, vorübergehende und zur Flucht verhelfende Wörter« (*passeur* heißt »Fluchthelfer«), *les mots qui passent la paupière* »Wörter, die das Lid überschreiten, überqueren, durchqueren«.
Ce qui m'importe ce n'est pas l'apparence, c'est le passage spielt außerdem mit dem berühmten Zitat Montaignes *Je ne peins pas l'être, je peins le passage* »Ich male nicht das Wesen, ich male den Übergang« (Essais III, 2).

Par illusion aussi on passe/illusionsweise passieren

Par Illusion aussi on passe kann auch »Man passiert auch illusionsweise« bedeuten.

parler au telephone/Mit dem oder am Telefon sprechen

Je les dirai tout à l'heure au téléphone: Im Französischen lässt sich nicht wirklich unterscheiden, ob man am Telefon mit jemandem spricht (*parler au téléphone*) oder zum Telefon redet (*parler au téléphone*). Der gängige Sinn des Sprechens mit jemandem am Telefon impliziert sprachlich immer auch die Möglichkeit sich ans Telefon selber zu wenden.

par le bout des doigts/Doppeldeutigkeit der Fingerspitzen

... par le bout des doigts: Doppeldeutiger Moment im Text. Einerseits scheint es darum zu gehen, die Pulsationen bei ihren Fingerspitzen zu fassen, andererseits kann man auch verstehen, dass man sie selbst mit seinen Fingerspitzen zu greifen versucht. Auch der Sinn dieses Textmoments ist nicht einfach fassbar.

paupière/Augenlid – Berühren – Haut

Die erste Silbe des frz. Wortes *paupière* »Augenlid«, das sich über lat. *palpebra* von *palpare* »wiederholt berühren, greifen« ableiten lässt, klingt außerdem im Französischen genau wie *peau* »Haut«: *pau-pière*.

philtres/Liebestrunk

Mes philtres: Das Wort *philtre* ist über das lateinische *philtrum* »Liebestrunk« dem griechischen *philtron* entlehnt: »Mittel Liebe zu erwirken«, »Zaubertrunk, Liebestrunk« und schließlich das »Gefühl der Liebe, der Zuneigung, der Freundschaft«. *Philtron* ist vom Verb *philein* »lieben« abgeleitet, das man zum Beispiel im Wort Philosophie, der Liebe zur Weisheit, auch findet.

porte/Wortträger*in

... la porte et l'apporte-parole: Spiel mit *porte* »Tür, Tor, Pforte«, *porter* »(ein Kind) tragen«, *apporter* »bringen, herbeitragen«. Die Wortschöpfung *apporte-parole* »Wort(über)bringer*in« beinhaltet außerdem den geläufigen Ausdruck *porte-parole* »(Partei- oder Presse-)Sprecher*in, Sprachrohr« der wörtlich übersetzt eigentlich »Wort-Träger*in« heißt.

prodigieux/in Bewegung setzen

Wortspiel mit *prodigieux* »wunderbar« und *prodigue* »freigiebig, großzügig, verschwenderisch«. Beide frz. Wörter sind verwandt und lassen sich vom lateinischen *pro* »für, vor« verbunden mit *agere* »in Bewegung setzen, handeln« ableiten.

qui croit savoir voir/Wissen – Sehen

Qui croit savoir voir: Unübersetzbares Wort- und Klangspiel zwischen *savoir* »wissen« und *voir* »sehen«, das darauf hinweist, dass *wissen* und *sehen* vielleicht weniger eng miteinander verbunden sind, als gemeinhin angenommen.

s'adresser/Adresse, Geschicklichkeit

Je m'adresse à toi. Tu es mon adresse: Spiel mit den Vieldeutigkeiten der Wortfamilie *s'adresser à* »sich an jemanden wenden« und *adresse* »Adresse« aber auch »Geschicklichkeit«.

s'aiment, sèment/sich lieben, sich ausstreuen

Seuls les mots qui s'aiment sèment: Spiel mit dem Gleichklang von *s'aiment* »(Wörter die) sich lieben« und *sèment* »säen, ausstreuen«.

s' écrit, se crée, secret/Geheimnis

Mon livre s'écrit. Se crée. Secret: Spiel mit dem Gleichklang von *se crée* »schöpft sich, kreiert sich« und *secret* »Geheimnis« das etymologisch auch mit *sécrétion* »Sekretion« verbunden ist. Eine verwandte Meditation über diese Themen findet sich in Jacques Derrida, Hélène Cixous: *Voiles Schleier und Segel*, 2007 in deutscher Übersetzung bei Passagen erschienen.

tour de magie/Zaubertrick und Drehmoment

... un simple tour de magie: Im frz. Ausdruck *tour de magie* »Zaubertrick« hört man das Wort *tour*, das in Hélène Cixous' Schreiben eine große Bedeutung hat, unter anderem weil es mit zu den Wörtern gehört, die ihre Poesie des Denkens zu beschreiben scheinen. Ein Denken, das diesen Namen verdient, bleibt nie stehen, sondern *dreht* und *wendet* sich bei jeder erdachten Etappe von neuem und denkt bzw. dreht weiter. Man hört dem Wort diesen Dreh oder Drall an, den die Übersetzung hier beizubehalten versucht. Dieses drehende Moment kommt auch an anderen Stellen des Textes vor und ist unter anderem vielleicht dazu da, um dem alten poetischen Schlüsselwort *ver(s)* »Vers, Wurm« einen neuen Dreh zu verleihen. Außerdem klingt in *tour* wahrscheinlich auch Montaignes *tour*, der *Turm Montaignes* mit, der, wie sie es oft erzählt hat, einer der Ursprungsorte für Hélène Cixous' Schreiben ist.

tu viens de partir/Du kommst gerade vom Gehen

... il ne peut arriver qu'à partir. Toujours tu viens de partir: Unübersetzbares Spiel mit dem idiomatischen Ausdruck *tu viens de partir* »du bist gerade fortgegangen«, der wörtlich »du *kommst* gerade vom Gehen« heißt.

Tränenden Auges verlieren die harten Kanten des Buches ihre Schärfe

Begleitworte von Esther Hutfless und Elisabeth Schäfer

Zur Interpunktion

Hélène Cixous bricht in ihrem Schreiben mit den herkömmlichen Regeln der Interpunktion – sowohl im französischen Original als auch in Übersetzungen, sofern dies ermöglicht wird. Sie verflüssigt und öffnet so Sinn und Bedeutung, setzt andere Akzente – zum Teil offene Akzente; denn dort, wo keine Kommata strukturieren, muss der Text jedes Mal im Lesen neu »artikuliert« (im wörtlichen Sinn also »zusammengesetzt«) werden. Der Text wird daher durch die Ordnung der Schriftzeichen (Interpunktion) nicht festgestellt, sondern – au contraire – dynamisiert. Dann und wann gerät er jedoch gerade im notwendiger Weise mit-produzierenden Lesefluss ins Stocken und gerinnt an der einen und anderen Stelle. Die herkömmliche, unseren Lesefluss sowohl vorstrukturierende wie auch rhythmisierende Aufgabe der Interpunktion wird somit einerseits suspendiert und erlangt andererseits eine neue Kraft; Kommata als Atemzeichen machen den Text zu etwas Körperlichem, Lebendigem.

Clarice Lispector, zu der und von der ausgehend Hélène Cixous immer wieder schreibt und denkt, notiert in einer kurzen Kolumne vom 4. Februar 1968 mit dem Titel »An den Setzer«: »Eine Bitte hätte ich: Verbessern Sie mich nicht. Die Interpunktion ist der Atem des Satzes, und meine Sätze atmen so. Und falls Sie mich komisch finden sollten, üben Sie trotzdem Respekt. Sogar ich selbst habe lernen müssen, mich zu respektieren. Das Schreiben ist ein Fluch« (Lispector 2013: 31).

Zur geschlechtersensiblen Schreibweise

Was die im deutschsprachigen Raum gebräuchliche geschlechtersensible und queerende Schreibweise mit * oder _ betrifft, so ist aus unserer Auseinandersetzung mit und unserer Arbeit am vorliegenden Text – der beständig mit den Regeln der Interpunktion sowie mit den durch Lese- und Hörgewohnheiten geregelten Re-artikulationen des Textes beim Lesen bricht – der Wunsch gewachsen, diesem Text nicht ein weiteres fixes Regelwerk überzustülpen, und wir teilen mit Hélène Cixous, der Übersetzer*in des Textes, Claudia Simma, sowie mit der Künstler*in, die die Zwischenblätter gestaltet hat, Evie Garf, den Gedanken, dass es Texte gibt (vielleicht sind das sogar alle Texte), *für die* und *mit denen* etwas erfunden werden muss. »Ein neugeborenes Wort bewegt uns. Ein Wort, aus der Liebe zweier Wörter geboren ist kein Kon-

zept. […] Es ist einfach ein poetisches Individuum«
(Cixous 2022: 28). Und das muss und will vielleicht gar nicht – nach kantischer Manier – zur allgemeinen Gesetzgebung werden. Vielmehr kann es seine Kraft im konkreten Milieu einer singulär-pluralen Textgegend besonders dann entfalten, wenn es von dort aus – im Glücksfall – andere, weitere, angelehnte und auch agonale Erfindungen ins Leben ruft. Wir alle bejahen das Anliegen einer geschlechtersensiblen, dekonstruktiven und queerenden Schreibweise und praktizieren diese teilweise leidenschaftlich affirmierend (im Französischen ist dies jedoch bislang weit weniger etabliert als im deutschsprachigen Raum) in anderen textuellen Milieus – sowie auch hier, am Rand eines Textes, in unseren Begleitworten, in Fußnoten et cetera –, weil es das Anliegen einer geschlechtersensiblen Schreibweise ist, eine strukturell ins Unsichtbare verbannte Vielfalt der Geschlechter in der Schrift offen zu markieren, ohne diese festzuschreiben.

Nun ergibt sich mit dem Text *Gespräch mit dem Esel. Blind schreiben* ein mindestens zweifaches Problem:

Erstens: Es ist gerade das Unsichtbare, das im Text eine radikale Aufwertung erfährt. Das heißt, etwas ans Licht zu bringen – damit es endlich sichtbar ist – folgt nicht der textimmanenten Linie, sondern würde mit dieser brechen: »[…] aus Leidenschaft […] mache ich Nacht(licht) bei Tag. Sogar mit offenen Augen zu Mittag, kann ich nichtsehen« (ebd.: 8). Es geht also gerade darum, das Terrain des Nachtlichts freizulegen, damit sich in diesem Terrain, diesem Milieu ein anderes Schreiben ereignen kann, kein anderes als ein transphysisches Schreiben (im Unterschied zum metaphysischen); es sucht die Wahrheit der Dinge weder im Licht noch allein im Dunkeln, sondern macht eindrücklich begreiflich, dass der chiasmatischen Verflechtung von Licht und Dunkelheit, diesem *chiaroscuro* (italienisch: »hell-dunkel«; frz. Clair-obscur) nicht zu entkommen ist und ein anderes Sehen, ein anderes Lesen und Schreiben erfunden werden muss, das es ermöglicht, jene Kategorien zu suspendieren, die uns die Dinge der Welt zwar zureichen – aber unzureichend. Kunstgeschichtlich ist es ja gerade die Technik des *chiaroscuro* in der Malerei der Spätrenaissance und dem Barock, die den Körpern auf der Fläche der Zeichnung durch Schattierung Plastizität verliehen hat. Um eine ähnliche Form der Plastizität der Schrift, der Körperlichkeit und Lebendigkeit der Schrift geht es aus unserer Perspektive Hélène Cixous auch, wenn sie schreibt: »Ein Buch ist ungefähr rund. Aber weil es sich, um zu erscheinen, an ein rechteckiges Parallelepiped anpassen muss zerschneidet man irgendwann die Kugel, plättet sie, macht sie rechteckig. Man gibt dem Planeten die Form eines Grabs. Dem Buch bleibt nur noch die Wiederauferstehung abzuwarten« (ebd.: 24). Die Wiederauferstehung des Buches aus seinem rechteckigen, flachen Grab, sie herbeizurufen, haben wir gerade als Herausgeber*innen besonders ernst genommen. Einerseits sind wir also beteiligt an der Plättung eines Buches und seinem Rechteckigwerden. Und wir kommen nicht umhin, das auch zu bewirken. Um diese Form kommen wir also nicht herum. Zugleich geben wir ein Buch, ein geplättetes und rechteckig gewordenes Buch auch *heraus*, was der erste Schritt zu dessen Wiederauferstehung ist und wir supplementieren den Text nicht nur mit drei weiteren Texten, sondern fügen ihm auch neue Schattierungen hinzu: filigrane, atomare, gezeichnete, geweinte, disseminierte, plastische, freudvolle, trauernde, körperliche, flüssige, verschenkte, ... Tränen. »Tears=melting of words« (Cixous 1997: 43). Tränenden Auges verlieren die harten Kanten des geplätteten Buches mit seinen Lettern erneut ihre Schärfe, sie zerfließen, lösen sich auf. Die zweiundvierzig Tränen des Henri de Saint-Simon (wobei die sechzehnte ein Kreuz darstellt), die er nach dem Tod seiner Frau weinte und in seinen Memoiren notierte und die acht Tränen von Hélène Cixous, die sie uns für dieses Buch geschenkt und geschrieben hat.

Cixous liest diese Reihe der handgezeichneten einundvierzig Tränen des Saint-Simon in *Double Oubli de l'Orang-Outan* als den feinsten Satz dieses wortgewandten Erinnerers, der das adressiert, was jedes Sagbare übersteigt (Cixous 2013: 4). »And yet those tears are letters wept, jewels of the alphabet of sobs, I said to myself, each one is the quintessence of a memory coming asunder, and I wept – with joy« (ebd.: 5).

Tränen durchziehen den Text. Wir haben sie gemeinsam mit Hélène Cixous gesetzt als Markierungen des Verflüssigens. Aber sie sind noch viel mehr. Tränen sind überdeterminiert, ein Surplus, ein Mehr und Meer: »the floods of tears; the fact that there is no apparent logic between a shedding of tears and a particular event« (Cixous 1997: 42). Tränen der Trauer über jenen Verlust, der eine Übersetzung mit sich bringt, Freudentränen, die einen Neuanfang begleiten, *jouissance*, ... »[T]he shedding of tears is a mystery throughout all our life. We do not know why we cry, when we cry, how much we cry. Tears are not in a direct relation with the apparent cause, etc. Who cries? Who do I cry over? Who makes me cry? How does it cry, orgasm, overflow, how does it indicate a sexed source? What is the relation between these fluids and death? What is the relation to sexual difference which is a partially cultural difference?« (ebd.: 43).

Zweitens: Der Text *Gespräch mit dem Esel. Blind Schreiben* erklärt gleich zu Beginn etwas ganz und gar Unartiges: »Es gibt kein *Gender* mehr« (Cixous 2022: 10). Es ist nicht wenig, was mit diesem Satz eintritt: Die Grenzen von *genre* – Geschlecht, Genus, Gender und Gattung auf allen Bedeutungsebenen – werden überschritten. »[E]s gibt nur Wörter und Sätze mit Händen und Lippen und Tränen an den Augenlidern [...]« (ebd.: 17).

Eine regelkonforme geschlechtersensible Schreibweise würde *Gender* betonen, es an das menschliche Subjekt binden und alle weiteren mitschwingenden Bedeutungen wie bspw. Gattung zum Verschwinden bringen. Es tritt nun also mit diesem Text das Paradox ein, dass eine Schreibweise, die gerade sichtbar machen möchte, auch dort entlarvt wird, wo sie selbst etwas verdunkelt.

Diesem *chiaroscuro* konnten und wollten wir also nicht entkommen. Und da die Welt der Immanenz kommt, wie es im Text heißt, gibt es zu ihr auch kein Außen. Und in ihr offenbar keine allgemeine Regel, die jederzeit, in jedem Text die Fragen der Zeichensetzung, der Setzung einer Öffnung für Vielfalt regeln könnte. Was also bleibt uns, als es in der Schwebe zu halten, auf ein unendlich vieles – nicht zu verzeichnendes zu verweisen – auf eine Unabgeschlossenheit, eine Stille, auf Atem, auf Tränen. Was bleibt, sind für uns   , schimmernde plastische Partikel, die Grenzen und Normen überschreiten, die in permanenter Verschiebung und Verflüssigung bleiben, Raum für die Antwort des Anderen öffnen; so haben wir uns dafür entschieden, diese   jedoch regelwidrig und unregelmäßig zu platzieren. Jedes Mal, bei jeder Lektüre könnten weitere hinzukommen, andere verschwinden, alle könnten sich neu verteilen. Sie sind beweglich, insistierend und flüchtig. Beispielsweise in zukünftigem Zitieren dieses Textes. Wer wird sich die Mühe machen, die mit zu zitieren?! Werden sie, , verschwinden, werden sie weitergegeben, wieder gegeben werden? Werden sie anderswo gesetzt werden?! Wer wird die Tränen trocknen?! Es ist offen. »Die Sprache ist nicht fertig« (ebd.: 28). Wir haben also diese durchscheinenden Partikelchen als Tränen, als »Atomregen« (ebd.: 14), … den Text durchsetzen lassen, ohne sie zu fixieren oder den Text damit festzustellen. Ein zu viel und ein zu wenig an Tränen verhindert das Scharfstellen, das Fokussieren. Vordergrund und Hintergrund verschmelzen zu einer neuen Plastizität, ebenso Nähe und Ferne. Farben leuchten. Tränen verweisen auf das Unsagbare, das Unsichtbare. »The most beautiful things cannot be written, unfortunately. Fortunately. We would have to be able to write with our eyes, with wild eyes, with the tears of our eyes, with the frenzy of a gaze, with the skin of our hands« (Cixous 1991: 53).

Mit diesem durchscheinenden Zwischen, das nicht verdeckt, sondern einen Raum eröffnet, hat auch die Künstler*in Evie Garf gearbeitet, die uns die Zwischenblätter zu diesem Buch geschenkt hat. Sie beschreibt ihre Arbeit als »›cutting the sphere of the text‹, doing that work of restructuring, re-rounding or unflattening the text« (Garf 2022: 128).

Hélène Cixous haben wir unsere langen grauen und besonders unsere kleinen Ohren (hinter den Ohren) geliehen und haben uns dazu entschlossen – also geöffnet – die Auflösung bzw. Grenzüberschreitung von *genre* zu betonen und auch die Grenzen zwischen Mensch und Nicht-Mensch, Tier, Mensch, Gött*innen, Worten, Sinnen, Technik, Natur und Prothesen etc. zu verflüssigen. Zur weiteren Auseinandersetzung mit der Frage der Geschlechter, siehe Supplement I, zum Verhältnis von Wunde und Schreiben gibt es das in dieser überarbeiteten Ausgabe neu hinzugefügte Supplement II, und zur Frage von Sehen und Anderssehen, siehe Supplement III im vorliegenden Band. Und »[...] dank dir [Hélène Cixous; Ergänzung durch die Herausgeber*innen] ergreift jedes Buch die ganze Freiheit. Eine wahnsinnige Freiheit, wie du es nennst. Die Freiheit nicht zu gleichen, nicht zu gehorchen« (Cixous 2022: 32).

Zu »Nautorin«

Für die deutsche Übersetzung von *Conversation avec l'âne. Écrire Aveugle* hat Hélène Cixous vorgeschlagen die Überschrift des letzten Textabschnitts von »Autor« (im französischen Original »Auteur«) in »Nautorin« zu ändern. Wir haben uns an dieser Stelle entschieden hier Hélène Cixous' handschriftliche Variante dieses Wortes als Überschrift des Abschnittes zu verwenden, da in ihrer Handschrift die genus-gebende Endung zu einer – aus unserer Perspektive – produktiven Uneindeutigkeit tendiert.

ναῦς (naus) bezeichnet im Altgriechischen das Schiff. »Nautorin« öffnet sich dem Bedeutungsfeld des »Nautischen«, des Erforschens, des Querens von, des Aufbruchs zu, der Reise, des Navigierens in unbekannte und neue, mitunter auch dunkle Regionen, Meere, den Kosmos bzw. das Weltall oder das Internet; *internaute*: Hélène Cixous hat dieses Wort für ihre Enkelin erfunden, die durch das

Internet navigiert. Darüber hinaus schwingt phonetisch [notœʁ] auch das Notieren, Schreiben aber auch die Note als schriftliche Aufzeichnung eines Tones mit, d. h. eine Schrift, die sich einem Bereich nähert, der sich ihr eigentlich entzieht, da der Ton sich in einem anderen Register ereignet als seine schriftliche Aufzeichnung, die Note.

Literatur

Cixous, Hélène (1991): *The Book of Promethea*. Lincoln: University of Nebraska Press.

Cixous, Hélène (2013): *Double Oblivion of the Ourang-Outang*. Cambridge: Polity Press. (Franz. erschienen 2010: *Double Oubli de l'Orang-Outan*. Paris: Galilée.)

Cixous, Hélène (2022): *Gespräch mit dem Esel. Blind Schreiben*. In: Hutfless, Esther; Schäfer, Elisabeth (Hg.): Hélène Cixous. *Gespräch mit dem Esel. Blind Schreiben*. Wien: Sonderzahl, S. 9–37.

Cixous, Héléne; Calle-Gruber, Mireille (1997): We are already in the Jaws of the Book. Inter Views. In: *Hélène Cixous. Rootprints. Memory and Life Writing*. New York: Routledge. S. 1–115.

Lispector, Clarice (2013): Die Entdeckung der Welt. Kolumnen. In: *Schreibheft. Zeitschrift für Literatur*. Nr. 81. Essen: Rigodon-Verlag. S. 29–43.

Queere Séancen[1]

Esther Hutfless und Elisabeth Schäfer

Preséance

Die Texte von Hélène Cixous begleiten uns schon sehr lange. Und es ist gar nicht so leicht zu sagen, in welcher Weise. Als Wiederkehrende, als Mitbewohner*innen, als Träume, als Tiere*, als Passant*innen, die auf der Durchreise sind, dann wieder als insistierende Unruhestifter*innen, die bleiben und alles verändert sehen, ein immer anderes, neues, schimmerndes und changierendes Schreiben ins Leben rufen wollen. Manchmal streift ein Zitat, ein Satz, ein Wort aus einem der vielen Texte von Hélène Cixous so beunruhigend intensiv wie das Fell eines bei Nacht nah vorbeihuschenden Fuchses. Eine flüchtige Berührung, intensiv und in ihrer überraschenden, in ihrer rasch streifenden Weise unvergessen, lange wirksam, taucht dieser Eindruck, diese Spur irgendwann – vielleicht an ganz anderer Stelle – als Ausdruck wieder auf, schreibt sich fort, schreibt sich also weiter als jene Fluchtlinie, die jedes Wort, jeder Satz und jeder Raum zwischen den Zeichen, den Worten, den Zeilen vielleicht ist. *Animots* ist so ein Wort, das überraschend vorbeistreift, intensive Spuren hinterlässt, weghuscht und wiederkehrt.[2] Woher kommt es eigentlich? Aus welchen Wortelementen setzt es sich zusammen (*animal*, frz. Tier und mot, frz. Wort) und was machen diese beiden Worte miteinander: Tierworte, Worttiere ...

Die Schöpfung dieser Worttiere *Animots* wird zumeist Derrida zugeschrieben. Die erste Verwendung findet sich bereits vor Erscheinen des Textes *Gespräch mit dem Esel* 1976 in Héléne Cixous' *La* (vgl. Cixous/Calle-Gruber 1997: 168) – lange bevor es sich von Jacques Derrida für *L'Animal que donc je suis* hat »entwenden« und sich mit neuem Sinn hat fortschreiben lassen.[3] Ein Wortensemble, das in sich gastfreundlich ist, die anteiligen Bedeutungen zu versammeln und neue, ungeahnte, passierende willkommen zu heißen, das ist Animot. Ein Kofferwort, für die Weiterreise, das Weiterschreiben, Weitergehen, Weiterleben.

Die Texte von Hélène Cixous begleiten uns schon sehr lange. Sie sind uns *In-Sister*s*[4]. Verwandt, anders, sie lassen uns als andere aus sich hervorgehen. In einer Zeit, in der Identitäten erneut betoniert und Gemeinschaften rein, sicher und eingegrenzt werden sollen, in einer Zeit also, in der das Werden in erstarkenden nationalistischen Diskursen als gefährlich verworfen und verneint wird, sind Cixous' Texte uns Zufluchtsstätten – *villes-refuges*[5] – Schreiben als Zufluchtsstätte: »Augenblicklich bin ich nicht mehr von dieser politischen Welt« (Cixous 2022: 10). Das geht für Hélène Cixous jedoch nicht mit einem Rückzug, einer Abkehr von der Welt oder vom Politischen einher. Es ist vielmehr das Betreten einer anderen Ebene, einer anderen Stätte, die die Aufmerksamkeit dem Nicht-Sichtbaren gegenüber zu schärfen vermag. Hier – an dieser Stätte, auf dieser Ebene – wird es möglich, einzutauchen in eine Beziehung zu Anderen*, die eine*r nicht länger blind den Anderen* gegenüber sein lässt, sondern ermöglicht, sich des ganzen Sensoriums *mit* und *zu* Anderen* zu bedienen, um ein Schreiben-Leben/Leben-Schreiben zu unterhalten, zu dynamisieren, das radikal offen, verletzlich, prekär ist. Das ist jedoch keineswegs seine Schwäche. Im Gegenteil. Das bringt die Exponiertheit immer wieder mit sich. In jenem Moment, in dem ein Körper sich riskiert, nämlich seiner ihm eigenen Offenheit nachkommt, diese nicht negiert, ist ein Körper ein verletzlicher Körper. Und jedes Schreiben auch, das die Poren, die Worte, die Grenzen etc. offen hält. Ein offener Körper, ein offener Text, eine offene Gemeinschaft ist immer schon ein exponiertes Ensemble, es ist permanent in Transformation begriffen, deshalb ist es jedoch nicht beliebig. Es liebt lediglich s/ein Werden, »sein eigenes« (wenn das noch so genannt werden kann) Anderswerden. Und es gibt sich dem Risiko dieser Exponiertheit unentwegt hin. Nicht um dabei alles zu verlieren, gerade nicht, um sich grenzenlos zu verausgaben. Sondern im Wissen, dass das, was sich schreibt, mitteilt, nie verloren ist – es ist immer in der Welt, immanent. So auch das Leben, sogar, wenn »wir« (wir singulären Subjekte) es nicht länger sind, die es leben. Das Leben ist nie verloren. Auch die Worte nicht. »Kommt die Zeit der Immanenz « (Cixous 2022: 21). Kommt sie?

Séancen im Dunkeln

Sich dem Dunklen, dem Nichtsehen anvertrauen, ohne trauen zu können oder sich vertauen zu können mit den Augen, den Blicken. Hier ist es unmöglich zu fixieren. Kein Scharfstellen. Kein Distanzsinn. Und damit keine Objektivierung. Statt im Prozess des Schreibens auf das Sichtbare, das Offenkundige der uns umgebenden Welt zu fokussieren und dieses im Blick oder im Signifikanten zu fixieren, geht es Hélène Cixous darum, sich dem Verborgenen zu nähern, dem Nicht-Sichtbaren, Nicht-Hörbaren, der Welt der radikal Anderen*. Cixous' Schreiben öffnet eine Welt, in der Bedeutungen in der Schwebe gehalten, verflüssigt und dynamisiert werden, in der sie meandern, wandern, migrieren können.[6] Damit kündigt sich die poetisch-wirksame Utopie eines queerenden Prozesses der Signifikation an und damit zugleich eine andere, eine sich offen haltende Welt. Diese Welt ist eine Welt im Werden, eine im Übergang – in Trans*formation und Trans*gression – begriffene Welt: »Was mir wichtig ist, ist nicht das Erscheinungsbild, es ist das Übergehen, die Passage. Ich liebe das Wort PASSAGE« (Cixous 2022: 12). Werden also heißt: anders werden, und: unaufhörliche, infinite (Re-)materialisierung und (Re-)signifizierung. Aber auch: die permanente Transformation der Schreibenden, der Lesenden, deren Trans*individualität, also deren Werden und Anders-Werden. Beides ereignet sich am Schauplatz der Schrift. Das Schreiben, das »blind Schreiben« stellt diesen Ort der Passage dar, diese Annäherung an das Unbekannte, das Noch-Nicht-Benannte, das im Werden Begriffene – für den Text, für die Schreibenden, für die Lesenden. »Blind Schreiben« bedeutet im Schreiben *nichts* vor Augen zu haben; es bedeutet, nicht »etwas« zu schreiben, sondern zu schreiben und dabei, in dieser Bewegung, die das Schreiben ist, auf etwas zu stoßen – auch und gerade körperlich auf etwas zu stoßen. Dieses etwas, dem sich die Bewegung des Schreibens annähert, kann jedoch nicht eingefangen und festgehalten werden und gerade dies soll auch nicht geschehen. Es wird in der Bewegung des Schreibens, die sich diesem etwas widmet, der Transformation anheim gegeben, die das Schreiben ist. In *Three Steps on the Ladder of Writing* beschreibt Cixous diese Bewegung des *Sich-Offen-Haltens* als ein *Nicht-Ankommen*: »One has to get going. [...] Writing is not arriving; most of the time it's *not arriving*. One must go on foot, with the body. One has to go away, leave the self. How far must one not arrive in order to write, how far must one wander and wear out and have pleasure? One must walk as far as the night. One's own night. Walking through the self toward the dark« (Cixous 1993: 65).

Nicht ankommen, nicht zum Punkt kommen im Prozess des Schreibens – bzw. einzig mit dem Esel auf den Punkt zu kommen – bedeutet nicht, dass sich nichts ereignet. *Selbst* nirgends ankommen im Prozess des Schreibens, bedeutet das Genießen, das Körperliche, das Animalische, das Unbewusste, ... und so weiter und so fort, und immer fort das radikal Andere* ankommen zu lassen. Es* *passiert* ... »[...] die Wörter die das Lid *im Inneren selbst* ihres eigenen Wortkörpers passieren, sind meine magischen *Animots*« (Cixous 2022: 12).[7] Wörter als Lebewesen, die eigensinnig die Schrift passieren und sich in der Schrift ereignen; Lebewesen, nicht tote und leere Signifikanten! Der Akt des Schreibens, den Cixous denkt und zur Aufführung bringt, ist nicht zentriert um die Abwesenheit, den Mangel. Der »Tod der Autor*in« ermöglicht hier vielmehr die Lebendigkeit der Schrift und zwar nicht im übertragenen, sondern im tatsächlichen Sinn. Schreiben/Lesen zu, von und mit Hélène Cixous' Texten findet gegenwärtig statt, es hat Präsenz und drängt in diese hinein, wie Atmen, wie Herzschlag, wie Sprechen, wie Leben, wie Bewegung – vielleicht ist sogar der*die Autor*in gar nicht länger *tot*, als vielmehr im höchsten Grad lebendig, indem sie* einerseits präsent ist, der Schrift die Abfahrt gibt, sie dynamisiert und gleichzeitig mit der Schrift lebendig in nicht aufzuhaltender Bewegung, sich einer Art der Trans*Autor*innenschaft hingibt. Eine*, die die Schrift trägt und von der Schrift getragen wird – wie von einem Esel und wie ein Esel, eine Eselin*.

Séancen mit gespitzten Ohren: Gender etc.

»Es gibt kein *Gender* mehr. Ich werde ein Etwas mit gespitzten Ohren« (Cixous 2022: 10). Im französischen Original von *Conversation avec l'âne* heißt es: »Il n'y a plus de genre.« Das Französische *genre* meint Geschlecht, Genus aber auch Gattung. Hélène Cixous überschreitet in ihrem Text die Grenzen der Ordnung der Geschlechter, der literarischen und wissenschaftlichen Genres, der Gattungen. Es ist ein Überschreiten, das versucht, die Anhaftungen all dieser Kategorien abzustreifen. Dekonstruktive – politische, queere –Bewegungen überschreiten zwar das Ordnungssystem innerhalb einer Kategorie – etwa der Kategorie Geschlecht – bleiben dieser Kategorie zugleich jedoch verhaftet. Cixous geht es mit dieser weitgefächerten Bewegung des Schreibens/Denkens darum, das gesamte Kategoriengefüge, die gesamte Signifikantenkette, die signifikanten Verbindungen zwischen Geschlecht, Gattung (Mensch/Tier/Gott/Pflanze), Genre (Literatur/Wissenschaft), sowie die Dualität Vernunft/Affekt bzw. Geist/Körper in Verwirrung zu bringen, und die festen Verfugungen und Grenzen zwischen den einzelnen Kategorien zu erschüttern und zu lösen: »Als ich zum Beispiel meinen ersten Roman geschrieben habe, *Dedans*, dem der Prix Medicis verliehen worden ist, da waren alle Figuren trans, alle! [...] Die Schrift ist es, die das umsetzt!« (Cixous 2017: 128).

Damit korrespondiert sie mit Jacques Derrida, hier insbesondere mit *The Law of Genre*, und schreibt Derridas dekonstruktive Auseinandersetzung mit dem »Gesetz des Genre« in radikaler Weise fort: »As soon as the word ›genre‹ is sounded, as soon as it is heard, as soon as one attempts to conceive it, a limit is drawn. And when a limit is established, norms and interdictions are not far behind: ›Do‹, ›Do not‹ says ›genre‹, the word ›genre‹, the figure, the voice, or the law of genre. And this can be said of genre in all genres, be it a question of a generic or a general determination of what one calls ›nature‹ or physis (for example, a biological genre in the sense of gender, or the human genre, a genre of all that is in general), or be it a question of a typology designated as nonnatural and depending on laws or orders which were once held to be opposed to physis according to those values associated with techne, thesis, nomos (for example, an artistic, poetic, or literary genre)« (Derrida 1980: 56). Cixous bleibt nicht dabei stehen, die Grenzen zwischen den Kategorien in Derrida'scher Manier zu dekonstruieren, der Prozess des Schreibens transformiert und verändert auch das schreibende Subjekt: »Ich werde ein Etwas mit gespitzten Ohren.«

»Es gibt kein *Gender* mehr.« Während Cixous das patriarchal Männliche um den Penis/Phallus versammelt sieht, versteht sie die Frau* schon in den 70er Jahren als anti-essentialistischen, offenen, sich erfindenden, sich schreibenden Entwurf. Im *Lachen der Medusa* ist die Frau* jene Figur, die sich nicht dem »Diktat der Geschlechtsteile« unterwirft (vgl. Cixous 2013: 54). Die Frau* wird zu einer queeren Figur: »Die Frau, ihrerseits, unternimmt keine solche Regionalisierung ihres Körpers, die dem Paar aus Haupt und Geschlecht den Vorrang gibt und sich nur innerhalb gegebener Grenzen einschreibt [...] ihre Schrift kann also nur immer weiterführen, ohne je Konturen einzuschreiben oder unterscheidbar zu machen [...]« (ebd. 54 f.).

Im Vorwort zur französischen Neuauflage der *Medusa* stellt Cixous eine Verbindung zwischen ihrem feministischen Denken der 70er Jahre und heutigen queeren Diskursen her und bezeichnet *Medusa* als »une *queer*« (vgl. Cixous 2010a: 32). Medusa ist genau jene Figur, die aus einem patriarchal-vernichtenden Kontext, produktiv angeeignet, resignifiziert und in eine offene und lebendige Zukunft geschickt wurde und nun fliegt sie um die Welt.

Die Zweigeschlechtlichkeit hallt in Cixous' Texten einerseits nach, sie klingt an, dennoch scheint es zugleich so, als habe sie sich bereits verflüchtlicht oder sei im Prozess der Verflüchtigung. Für die Literatur und im Feld der Literatur stellt Cixous die Frage: *Wer* schreibt?: »Ist es ein Mann oder eine Frau? Niemand kann es sagen. Das ist es, was mich überwältigt. […] Es geht vollständig über die traditionelle Verortung der Geschlechter hinaus und hinweg. Man wechselt die Seite« (Cixous 2017: 127).[8] Damit stellt Cixous die konsistente, fundamentale und geschlossene Identität eines Ichs und damit auch die geschlechtliche Identität in Frage. Ein Ich besteht für sie vielmehr aus ausgedehnten, unzähligen und unbekannten Mannigfaltigkeiten: »I do not know what my ensemble is. Who are I? Do I claim that my are-I is predominantly woman? […] society is composed in appearance of half men and half women, more or less, and in reality of a majority of so-called masculine elements. But in truth, that is, in secret, it is quite different« (Cixous 2010b: 58).[9]

»Es gibt kein *Gender* mehr. Ich werde ein Etwas mit gespitzten Ohren.« Mit der Kategorie Geschlecht wird zugleich jene der Gattung des Menschen radikal in Frage gestellt. Das Denken in Kategorien wird dynamisiert, es wandelt sich, es verwandelt sich in ein Denken in Übergängen, Passagen, Trans*, … »Aber noch bevor ich eine Frau bin, bin ich eine Kurzsichtige« (Cixous 2022: 11). Mit Gilles Deleuze und Félix Guattari können wir diesen Zug des Cixous'schen Denkens mit der Figur des »organlosen Körpers« in Beziehung setzen und dies ein Denken in Intensitäten nennen, Körper, Gefüge etc. sind: »[…] nur von Intensitäten besetzt und bevölkert […] nur Intensitäten passieren und zirkulieren. […] kein Schauplatz, kein Ort und nicht einmal ein Träger, auf dem etwas geschehen wird […] heftige und nicht geformte, nicht stratifizierte Materie […] es gibt weder negative noch positive Intensitäten […]« (Deleuze/Guattari 1992: 210). Jegliche Form der Kategorisierung, die Körper, Texturen, Figuren nach dem Kriterium »ident« den jeweiligen Kategorien zuordnen will, wird außer Kraft gesetzt, greift nicht mehr. Körper gehören temporär zueinander, wenn sich ihre Intensitäten ähneln – in aller Differenz. Texturen, die ihre Intensitäten wechseln, wechseln auch durch die Ordnung traditioneller Genres. Ebenso die Geschlechter – und sie sind eingeladen, dies wild und unabgeschlossen zu tun in Hélène Cixous' Texten. Es ist nicht die einem – erneut – vorgegebenen Regelwerk des Genderns folgende Markierung der Offenheit, mit der dies vonstatten geht, sondern »[d]ie Schrift ist es, die das umsetzt!« (Cixous 2017: 128). Radikale Performanz, die sich riskiert; die jedoch auch bewirkt, dass nicht allein die Kategorie Geschlecht gequeert wird, sondern mit ihr – in der Bewegung eines trans* (einer Transformation, einer Transgression) – das ganze fest mit dem Geschlecht vertaute Kategoriengefüge (Mensch/Tier/Pflanze/Gott, Körper/Geist, Maschine/Leib etc.). Es scheint – unter anderen – auch der Esel zu sein, in dessen Zwiesprache Leser*innen durch diese wechselhaften Text-Landschaften getragen werden und der* dazu anstiftet, die Ohren nochmals neu zu spitzen.

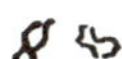

Chaosmische Séancen

Mit geschlossenen Augen, auf Samtpfoten, mit Eselsohren, mit lautlosen Flügelschlägen, ... eintauchen in die Welt: »Die Gabe der Welt«. Vor dem Signifikanten, vielleicht ein anderes Symbolisches ... »Ich will unsere unterirdische Seele malen. Es gibt schon Wörter. Aber noch keine Eigennamen« (Cixous 2022: 15). Also tastend schreiben – sich vortastend schreiben, sich annähern an das, was man mit den Augen nicht oder nur schwerlich oder immer nur anders begreifen kann. Was immer ein Aufbruch in eine neue Welt ist, in ein Unbekanntes. Das ist ein zarter und gewaltiger Akt zugleich. Zart, weil es lauschend, ungewiss, ein bisschen zitternd und sehr fluide, fragil stattfindet. Gewaltig, weil es viel will, vielleicht alles: eine neue Welt, ein neues Symbolisches. Der Schreibkosmos Hélène Cixous' ist ein nie gänzlich gerinnender Chaosmos, pulsierend, unaufhörlich. Mit jedem Zug, mit jedem Wort wissend, dass mit diesem Zug, mit diesem Wort die Welt neu geschaffen wird, sich neu schaffen will. Und lesend/schreibend in diesem Kosmos/Chaosmos muss eine* sich vielfach schütteln, muss eine* sich die Splitter, die Anhaftungen alter Kategorienverkrustungen aus dem Fell schütteln. Und die größte Kraftanstrengung in diesem Chaosmos ist vielleicht diejenige, die Welt unter den Händen, vor Augen, die Welt an der Haut nicht wieder gerinnen, erstarren zu lassen, ihr nicht die Macht zu verleihen nun – neugegründet, neugeschöpft – die Welt der Welten zu sein, die Idee der Welt, das regulative

Ideal von Welt für alle anderen Welten werden zu lassen. Kein neues Kategoriengefüge, keine allgemeine Gesetzgebung, Gründungsmacht nicht als Definitionsmacht, sondern als *arché* – anfängliches, das immer dazu weitertreibt: in jedem Augenblick anfänglich zu sein. »Es gibt kein *Gender* mehr.« Und es wird auch kein neues fixes und fixierendes Gender, Genre mehr erfunden werden. Wir baden im Atomregen, unsere Körper dürfen sich endlich, anfänglich auflösen, »was unser ist löst sich von uns ab« (Cixous 2013: 42). Es ist dieser Atomregen eines Lukrez (so hieß übrigens ein Kater von Jacques Derrida), den Cixous durch ihre Texte auf unsere Körper prasseln lässt.

Séancen der insistierenden Immanenz

Wie wird und wie kann das vonstatten gehen. In einer grellen Zeit. Die Erde leuchtet immer stärker, bis ins Weltall hinein. Keine Dunkelheit. Wann ist es noch dunkel? Beziehungsweise: Wann darf es noch dunkel sein? Vor allem in der Schrift? Stehen wir nicht noch immer oder sogar wieder stärker in jenem platonischen Licht[10] (im Feld der Wissenschaften und des Denkens) oder im Apollinischen (im Feld des Ästhetischen) oder im panoptisch-ausleuchtenden Licht (im Feld des Sozialen und Politischen)? Wird nicht gerade immer wieder Klarheit, Distinktion, Bestimmtheit und Transparenz in Argumentation, Struktur, Ästhetik und Politik zum allein dominanten Merkmal erklärt? Und vor dem dunklen Bauch der Affekte – nachdem dieser für kurze Zeit im sogenannten *affective turn*[11] in den Geistes- und Sozialwissenschaften Bearbeitung gefunden hat – schrecken wir erneut zurück? Bedarf ja gerade dieses dunkle Terrain auch einer sensiblen, expliziten Kultivierung und Bahnung, um nicht rohe Kräfte zu entfesseln.

Wie kann diese Annäherung an das Dunkle, das Nichtsehen also vollzogen werden? Der Esel wird uns tragen. Vielleicht wissen wir es ja insgeheim längst schon – immer schon – in dem, was das »Ur-Elephantasma« (Derrida 2007: 107) sein könnte, jenem »Telephantasma der Inkorporation« (ebd.): Dass die Worte nicht zunächst sondern immer wieder zu Wörtern werden, Bedeutungen abstreifen, sich fixierenden Bedeutungen widersetzen, unkenntlich und unleserlich werden und beginnen sich neu zu verbünden mit anderen Wörtern, die sie lieben. L'amour de mots. »Nur Wörter die einander lieben säen und streuen aus« (Cixous 2022: 22). Und dann werden sie gemeinsam etwas anderes inmitten – also eingelassen und äußerst ausgelassen – in diesem *Chaosmos*, in dieser *Chaosmose*[12]. Inmitten der Welt, der Worte, der Verweisungszusammenhänge, entfesselt – befreit – sich immer wieder das Wollen – *vol* – die Revolution der Worte, Wörter. Inmitten, das heißt, dass das *vol*, die Revolution den Kofferwörtern immanent ist. Ganze Universen sind darin untergebracht, die nur herausgelesen werden wollen, um den Sinn weiterzuschreiben.

»Du träumst von einem Kofferwort wie man sagt, *portmanteau word*, ein Wort mit Worten eine Geheimschublade […] Faltwort, entfaltbar, ein Nanowort« (Cixous 2014: 30/31). Inmitten geschieht, widerfährt, wiederholt, dynamisiert, bündelt sich und setzt sich diese unaufhörliche, unerhörte, uneinholbare, unendliche Wortbewegung fort. Nicht in ein Außen hinein, das dann der Text wäre. Zu dieser Wortbewegung gibt es kein Außen. Und der Text, die Textur, die zwar einerseits die Exposition, ex-*peau*-sition (»Ich will die Haut des Lichts sehen.« Cixous 2022: 9) dieser Bewegung ist, aber zugleich nicht ihr Außen, es sei denn im Sinne einer Häutung. »Was unser ist löst sich von uns ab« (Cixous 2013: 42). Inmitten, denn »[w]as wär' ein Gott, der nur von außen stieße …« (Goethe, Procemion, 1816/17). »Kommt die Zeit der Immanenz « (Cixous 2022: 21). Und was bedeutet das Kommen der Zeit der Immanenz für unsere Annäherung an *Gespräch mit dem Esel. Blind schreiben*. Das Bild vom Kommen der Immanenz will vielleicht sagen, dass es nichts anderes gibt, dem sich zukünftig anzuvertrauen wäre, als die Immanenz. Es gibt nichts, was aus einem Außen die Fäden unserer Geschichte spänne, also kein Gott, keine Vernunft, keine Bestimmung, kein Autor. Es gibt zum Text kein Außen. Und der Text ist auch kein Außen. »Ich weiß nicht wo außen passiert oder ob der Text innen ist, innen außen, oder ob der Text selbst außen ist, oder ob außen im Text drinsteckt. Das ist es was passiert wenn man schreibt was passiert«

(Cixous 2022: 23). Schreiben, was passiert: Es gibt Häute, es gibt Felle, es gibt Ohren, es gibt gespannte Materialisierungen, die aneinanderliegen – näher und weiter weg. Partikelstürme. Spannungen zwischen Körpern und Zeichen. Differenzen. Aber kein Außen, das garantieren, oder Garantie letztgültig verwehren könnte. Weder Grund noch Abgrund. Wenn die Zeit der Immanenz kommt, können wir nicht länger auf ein Etwas als höhere Einheit gegenüber allem anderen setzen, auch nicht auf ein Subjekt, ein besonderes, das die Synthese der Dinge vollziehen könnte. Der Immanenz ist alles immanent. Sie eröffnet eine Ebene. Keine Hierarchie. Sehr wohl aber Differenzen auf der Ebene. »Nur wenn die Immanenz sich selbst immanent ist, kann man von einer Immanenzebene sprechen«, sagt Deleuze (Deleuze 1996: 30). Wenn die Zeit der Immanenz kommt, wird es auch nicht länger die Philosophie sein können, die sich – allein – der Immanenz annimmt, jedenfalls wird es nicht eine Philosophie sein, die ihr Anderes, ihr Differentes, die Nicht-Philosophie, das, was sie passiert, nicht kennt, nicht annimmt, nicht mitnimmt. Hélène Cixous' Texte legen es nahe, dass die Literatur eine von jenen Bewegungen ist, der die Immanenz vertraut sein könnte. Die Immanenz zeigt sich nicht durch Subjekte, nicht durch Objekte, die sie bewohnen können, sondern durch *ein Leben*. Sie ist selbst ein Leben: Ursache und Gabe in einem, ohne Hierarchie. Jetzt, in diesem Augenblick passiert es, wir schreiben eine Welt.

Séance avec l'âne et dieu

Und wie seltsam in all dem auf Gott zu treffen. Oder nicht? Wer wunderte sich nicht. Wo auch immer: auf Gott zu treffen. »*Dieu* ist der Name all dessen was noch nicht gesagt worden ist. Ohne das Wort ნ GOTT ნ das die unendliche Vielfalt dessen beherbergt was gesagt werden könnte wäre die Welt auf ihre Rinde reduziert und ich auf meine Haut. Gott steht für alle Namen die noch nie erfunden worden sind« (Cixous 2022, 33). Diesen Erfindungen widmet sich Hélène Cixous' Schreiben. Aus *Theo-Logien* werden *Zoë-logien*. Aus dem *einen* Logos, dem Gesetz und der Vernunft des einen jenseitigen, transzendenten Gottes werden mannigfaltige philosophische Literaturen des Lebendigen, in die die Schöpfung, das Werden immanent eingeschrieben sind.

Anmerkungen

1 Lynn Turner bezeichnet in ihrem Text »Telefoam: species on the shores of Cixous and Derrida« (Revised draft for EJES 2014 issue on »European Posthumanism«, online: http://research.gold.ac.uk/8023/) jene Spuren, die die vielen Tiere in Hélène Cixous' Texten hinterlassen als »animalséances«. Das vorliegende Supplement möchte zeigen, dass diese tierische Spuren eine Assemblage mit einem ganze Gefüge an vielfältigen das Cixous'sche œuvre querenden Spuren bilden, die das ebenfalls zusammenhängende traditionell europäisch-abendländische Kategoriengefüge dekonstruieren und queeren. In Anlehnung an Lynn Taylors Ausdruck, der wiederum so auch bei Cixous bzw. Derrida zu finden sein könnte, nennt sich das Supplement I dieses Bandes »Queere Séancen«.

2 Im Jahr 2016 haben wir – zusammen mit dem *Aktionskollektiv Philosophieren von unten* – die Ausgabe 8 6 unserer Zeitschrift Sublin/mes zum Thema »animot« herausgegeben. Siehe dazu die Online-Ausgabe der Zeitschrift: https://sublinesblog.wordpress.com/category/ausgaben/

3 *Conversation avec l'âne. Écrire Aveugle* ist zunächst als Fragment 1997 in *Génésis n° 11* erschienen. Die Essaysammlung *L'amour du loup et autres remords*, die *Conversation avec l'âne* mit einschließt, ist erstmals 1998 auf französisch erschienen.

4 Siehe dazu: *Insister* (Cixous 2014).

5 Zu »villes-refuges« siehe: *Weltbürger aller Länder, noch eine Anstrengung!* (Jacques Derrida 2003).

6 Siehe dazu auch die an *Konversation mit dem Esel* angefügten Begleitworte der Herausgeber*innen ab S. 49.

7 Zu »Animots« siehe auch den Text *[a ...]* (Hutfless/Schäfer 2016a).

8 Cixous betont in diesem Gesprächsband auch, dass sie den Ausdruck »Écriture féminine« bzw. weibliches Schreiben verwendet, da sie damit »einen gewissen Umgang mit Libido« beschreiben möchte. Man könnte dies weiter denken und geschlechtliche Positionen, die Cixous in ihren Texten verwendet, auch ausgehend von einem bestimmten Umgang bzw. Zugang zur Libido her denken und weniger als Gender oder soziale Geschlechterkategorie.

9 Eine Deutsche Übersetzung des Textes *Tales of Sexual Difference* von Hélène Cixous, dem dieses Zitat entstammt, wird von Anna

Babka und Matthias Schmidt vorbereitet und wird unter dem Titel *Lektüren der sexuellen Differenz* 2023 bei Turia + Kant erscheinen.

10 Am Anfang des siebten Buches seines Dialogs *Politeia* lässt Platon Sokrates auftreten und das Höhlengleichnis erzählen. Darin wird ein unterirdischer, höhlenartiger Ort beschrieben, der über einen Gang mit der Erdoberfläche verbunden ist. In der Höhle leben Menschen als Gefangene, die ihr ganzes Leben an Beinen und Nacken gefesselt dort verbracht haben. Sie können sich weder bewegen noch die Köpfe drehen und somit niemals die Perspektive wechseln. Ihre einzige Perspektive ist die Höhlenwand vor ihnen. Den Ausgang, der sich hinter ihren Rücken befindet, können sie nie sehen und auch von seiner Existenz nichts wissen (so Sokrates via Platon). Darüber hinaus können sie sich selbst und die anderen Gefangenen nicht sehen; das Einzige, was sie je zu Gesicht (was hier ausschließlich heißt: zu sehen) bekommen, sind die Schattenwürfe von Figuren und Gegenständen hinter ihnen und ihrer selbst sowie der Widerschein des Lichts auf der Wand, der sie zugewendet sind. Denn erhellt wird ihr Gefängnis von einem Feuer hinter ihnen. Die Gefangenen sehen also ausschließlich den Widerschein des Lichts, das die Wand beleuchtet, nicht aber dessen Quelle. Ihr Denken kreist – so hebt Sokrates hervor – um die Deutung der Schatten, die ihre einzige Perspektive sind. Nach der Ideenlehre Platons jedoch sind alle sinnlich wahrnehmbaren Dinge nur unvollkommene und daher fragwürdige Abbilder. Als solche sind sie von sehr begrenztem Wert. Naturgegenstände, darunter auch die Körper von Lebewesen, sind Abbilder von Ideen. Kunstprodukte, etwa Werke der bildenden Kunst, sind Abbilder von Abbildern und daher noch minderwertiger als das, was sie darstellen sollen. Mit solchen Abbildern von Abbildern haben es die Höhlenbewohner*innen zu tun, denn die Gegenstände, deren Schatten sie sehen, sind keine Naturdinge, sondern künstliche Nachbildungen lebender Körper. Schließlich weist Sokrates darauf hin, dass es zwei ganz verschiedene Arten der Störung der Sehkraft gibt. Die eine tritt auf, wenn man vom Licht ins Dunkel gelangt, die andere, wenn man vom Dunkel ins Licht versetzt wird. Hélène Cixous' Text wendet mit jedem Wort gegen diese für den Erkenntnisbegriff abendländischen Denkens noch immer maßgeblichen Text Platons, indem es ihr gerade um jenes andere Sehen und das andere des Sehens geht. Dabei dekonstruiert sie

den abendländischen Erkenntnisbegriff wie auch das Primat des Auges, des Augenlichts, auf dem sich dieser gründet, und schafft Raum für ein anderes, vielfältigeres Sensorium für das Denken, das Schreiben, die Genese von Wissen und Bedeutungen.

11 Siehe dazu u. a.: Sara Ahmed (2004): Affective Economies. In: *Social Text* 22.2, S. 117–139; Angerer, Marie-Luise (2007): *Vom Begehren nach dem Affekt.* Zürich/Berlin: diaphanes; Eva Illouz (2006): *Gefühle in Zeiten des Kapitalismus.* Frankfurt/M.: Suhrkamp; Massumi, Brian (2002): *Parables for the Virtual: Movement, Affect, Sensation.* Durham and London: Duke University Press.

12 Der Begriff »Chaosmos« wurde von James Joyce erfunden und taucht in *Finnegans Wake* (1939) erstmals auf. Sowohl Gilles Deleuze hat diese Wendung in u. a.: *Differenz und Wiederholung* (frz. Original 1968) aufgegriffen als auch Félix Guattari, der sie zu »Chaosmose« weiterentwickelt (*Chaosmose* erschien bei Editions Galilée, Paris 1992 und in deutscher Übersetzung von Thomas Wäckerle bei Turia + Kant, Wien 1994). Guattari entwirft in seinem letzten Text *Chaosmose* eine Perspektive nach der Postmoderne, die den Versuch unternimmt, das Ankommen des Ungedachten, des Neuen philosophisch radikal auf die Frage nach variablen Subjektivitäten zu lenken.

Literatur

Cixous, Hélène (1976): *La*. Paris: Gallimard.

Cixous, Hélène (1993): *Three Steps on the Ladder of Writing*, trans. by Sarah Cornell & Susan Sellers, New York: Columbia University Press.

Cixous, Hélène; Calle-Gruber, Mireille (1997): *Rootprints. Memory and Life Writing*. New York: Routledge.

Cixous, Hélène (2010a): *Le Rire de la Méduse et autres ironies*. Paris: Galilée.

Cixous, Hélène (2010b): Tales of Sexual Difference. In: Segarra, Marta (Hg.): *The Portable Cixous*. New York: Columbia University Press.

Cixous, Hélène (2013): Das Lachen der Medusa. In: Hutfless, Esther; Postl, Gertrude; Schäfer, Elisabeth (Hg.): *Hélène Cixous. Das Lachen der Medusa zusammen mit aktuellen Beiträgen*. Wien: Passagen Verlag, S. 39–61.

Cixous, Hélène (2014): *Insister. An Jacques Derrida*. Wien: Passagen Verlag.

Cixous, Hélène (2017): *Aus Montaignes Koffer. Hélène Cixous im Gespräch mit Peter Engelmann. Passagen Gespräche 7*. Wien: Passagen Verlag.

Cixous, Hélène (2022): Gespräch mit dem Esel. Blind Schreiben. In: Hutfless, Esther; Schäfer, Elisabeth (Hg.): Hélène Cixous. *Gespräch mit dem Esel. Blind Schreiben*. Wien: Sonderzahl, S. 9–37.

Deleuze, Gilles/Guattari, Félix (1992): *Tausend Plateaus. Kapitalismus und Schizophrenie*, Berlin: Merve.

Deleuze, Gilles (1996): Die Immanenz, ein Leben... In: Friedrich Balke und Joseph Vogl (Hg.): *Gilles Deleuze – Fluchtlinien der Philosophie*. München Wilhelm Fink Verlag, S. 29–33.

Derrida, Jacques (1980): The Law of Genre. In: *Critical Inquiry*, Vol. 7, No. 1, On Narrative (Autumn, 1980), The University of Chicago Press, S. 55-81.

Derrida, Jacques (2003): *Weltbürger aller Länder, noch eine Anstrengung!*, Berlin: Brinkmann & Bose.

Derrida, Jacques (2007): *H. C. für das Leben, das heißt ...* Wien: Passagen Verlag.

Hutfless, Esther; Schäfer, Elisabeth (2016a): [a ...] In: *Sublin/mes. philosophieren von unten. a queer reviewed journal*. Heft ♁ 6, Wien 2016, 45–48. Online unter: https://sublinesblog.files.wordpress.com/2016/09/sublinmes-6-animot-final1.pdf

Hutfless, Esther; Schäfer, Elisabeth (2016b): Queen* of Queers. Die »wahre« Herrin* des Signifikanten. In: *Bissige Geschichten. Feminismen, Humor und Widerstand. AEP Informationen. Feministische Zeitschrift für Politik und Gesellschaft*. Nr. 4/2016, Innsbruck, S. 24–26.

Turner, Lynn (2014): Telefoam: species on the shores of Derrida and Cixous. *European Journal of English Studies*, 18(2), S. 158–171.

Platon (1990): Politeia. Der Staat. In: Platon: *Werke in acht Bänden*, Bd 4. 2. Auflage. Darmstadt: Wissenschaftliche Buchgesellschaft.

Supplement II
Literatur: Vom Nicht-Schließen der Wunde schreiben

Elisabeth Schäfer

Wenn es um Tränen geht, so gibt es unter anderem zwei auf den ersten Blick differente und doch miteinander verbundene Sichtweisen. Die eine besagt, dass Tränen etwas sehr Menschliches seien und wenn Tieren Tränen in den Augen stehen, verleihe ihnen dies ein beinahe menschliches Antlitz. Die andere Auffassung sieht in Tränen, die die Augen menschlicher Personen füllen, ein fremdes Element im menschlichen Antlitz, das auf das Unsagbare, das nicht Signifizierbare, das Außersprachliche und somit vielleicht auch auf ein Mehr-als- oder Anders-als-Menschliches verweise. Tränen, die Menschen in die Augen steigen und aus ihnen herausfließen, übersteigen an den Rändern der Augen also das Menschliche, oder unterspülen es. Einerseits verweisen Tränen – in den Augen von Tieren – also auf etwas Menschliches und andererseits – in den Augen menschlicher Personen – auf deren Anderes. Tränen scheinen sich somit stets an Rändern zu bewegen. Sie füllen das Zwischen – den Lidern – (immer, auch wenn sie nicht hinausgeweint werden) und bringen dieses Zwischen mitunter zum Überlaufen. Sie fließen an den Rändern von Signifikanten und Unsignifizierbarem und nehmen damit einen ähnlichen Weg wie die von Hélène Cixous geprägten *animots*, jene Sprachelemente, die sich am Rand des Belebten und Unbelebten bewegen. Worte – frz. *mots* – die lebendig, zu *ani-mots* werden, ähnlich wie Tiere, frz. *ani-maux*. Im Französischen klingen beide gleich, die Homonymie im Gesprochenen kann die Differenz in der Schrift nicht gänzlich überdecken.

Dieses der überarbeiteten Ausgabe von *Gespräch mit dem Esel. Blind Schreiben* neu hinzugefügte Supplement möchte mit Hélène Cixous Literatur, Schreiben und Schrift als Praxis, Geste, Bewegung und Modus verstehen, im engsten Kontakt mit dem – mit ihrem – anderen zu sein. Schreiben und Literatur wird hier – im Unterschied zu Jacques Lacan[1] – nicht als das verstanden, was den Mangel verdeckt. Literatur nicht als Schleier zu verstehen, der sich über das Unsagbare legt, Schreiben nicht als das zu betrachten, das Wunden verdeckt und Tränen zum Trocknen bringt, Schrift nicht als das zu lesen, das Andere einhegt, bezeichnet und zähmt wie wilde Tiere, dazu möchte dieses Supplement einladen. Literatur, Schreiben, Schrift als das zu betrachten, was dem Unsagbaren am nächsten ist, ist das Wagnis dieses Textes. Literatur sagt, was am schwersten zu sagen ist, sie ist dort, wo die Wunde, das Trauma, das ganz andere ist.

Ein zweiter Gedanke, dem sich dieser Text widmen möchte, ist der psychoanalytisch motivierte Gedanke, dass es vom Trauma stets dort etwas (nie alles, nie restloses) zu sagen gibt, wo es sich nicht schließt, sondern wo Wege gefunden werden, die Wunde des Traumas als Öffnung zu verstehen, die sich auch Symbolisierungen nicht gänzlich verschließt.[2]

Tears – Cruor – Cry

Tränen rinnen, sie gerinnen – jedoch nicht auf jene sichtbare Weise wie Blut beim Austritt aus den Körpern. Blut ändert seinen Aggregatzustand sichtbar, tritt es aus Körpern aus. Tränen hingegen verdunsten, sie gerinnen nicht, sie trocknen und beginnen ihre Spur im Unsichtbaren zu verlieren. Verlassen sie die Augen, das Zentrum der Sicht und Sichtbarkeit, sind sie schon beinahe unsichtbar.

In seinem letzten Text *Cruor* (Nancy 2022), der seit seinem Tod auch als sein philosophisches Vermächtnis bezeichnet wird, knüpft der französische Philosoph Jean-Luc Nancy an dem an, was das Ende seines, den Körper als Exposition (»expeausition«), als radikales Außensein, charakterisierenden Werkes *Corpus* markiert, dem Zwischen, und umreißt eine bestimmte Form von Grausamkeit oder Rohheit – *crù* – die unserer Zeit eigen ist und die die Möglichkeit einer menschlichen Gemeinschaft gefährdet. Dieser letzte Text Nancys ist in erster Linie das Ergebnis einer langen persönlichen Reflexion, die er ausdrücklich als Fortsetzung von *Corpus*, das erstmals 1992 erschienen ist, ansieht. Nun, so schrieb er damals auf den letzten Seiten des heute vor fast 30 Jahren verfassten Werkes, ist der Körper immer eine Ausdehnung oder eine Extension, d. h. eine Ex-Position, ein Ausgesetztes, das sich in der Exteriorität anbietet: »Der Körper ist dieser Aufbruch von sich, zu sich.« (Nancy 2003: 33) Weil wir einander niemals als reinen Geist kennenlernen können, bedeutet das, dass wir nur von außen zu uns selbst gelangen. »Selbst lässt sich nicht als Selbstbezug oder als Bezug zu sich selbst bestimmen. [...] *In dem Maße, in dem es es selbst ist, ist es sich immer schon als anderes vorausgegangen.*« (Nancy 2022: 22) Und es ist diese Frage nach dem Außen und dem Innen, nach dem Zwischen-den-Körpern, die in *Cruor* neu gestellt wird, indem Blut zu jener Substanz gerinnt, die zwischen Innen und Außen zu fließen vermag, nicht ohne jedoch die Grenze von Leben und Tod zu markieren. *Cruor* wird im umgangssprachlichen Französisch selten verwendet, bezeichnet allerdings im anatomischen Vokabular das austretende und gerinnende Blut, im Unterschied zu »sanguis«, jenem Blut, das in einem geschlossenen Kreislauf durch die Venen fließt und durch das Leben möglich ist, weil es dieses erhält. Das Blut ist für den Körper das, was der Rhythmus für die Trommel ist, so Nancy, nämlich sein Pulsieren. Aber das Blut, das das Leben nährt, kann es auch verlassen:

Das pulsierende sanguis kann zum herausströmenden cruor werden. Das Blut ist damit für Nancy das allererste Material der Fiktion, die Narrationen teilbar werden lässt – und so wird auch das Blut selbst immer wieder in rituellen Gesten des Teilens gereicht. Als Werk über das Teilen zwischen Körpern ist *Cruor* also auch ein Buch über Grausamkeit, über gefolterte und leidende Menschen, leidende und verletzte Körper. Es ist eine Meditation zu und in unserer Welt samt ihrer Schrecken, es ist in unsere Zeit und über sie hinausweisend, von der Jean-Luc Nancy meint, dass sie dabei ist, alle Vermittlungen zwischen den Menschen abzuschaffen. Er schreibt: »Das Zusammenleben ist heute ein Ausdruck für einen Mangel an Sinn für das Gemeine und Gemeinsame.« (Nancy 2022: 15) Der Literatur spricht Jean-Luc Nancy an anderer Stelle (Nancy 2004: 139) zu, Sprache in der Spannung zwischen Geburt und Tod zu sein, weil sie sich selbst aufspannt zwischen Ansprache, Einverständnis und unterhaltendem Vermögen. Sie sei Gesang, Erzählung und Diskurs, die allesamt für sich genommen und zusammen die Dispositionen der Sprache darstellen, so Nancy. Sie sind jedoch nie an sich oder für sich, sondern »[...] Stimmen, der Arten oder der Färbungen, vielfache Teilung, [...].« (Nancy 2004: 139) Nancy fährt fort: »Literatur besagt: Gemeinsam-sein dessen, was ohne gemeinsamen Ursprung ist, aber ursprünglich gemeinsam oder mit.« (Nancy 2004: 139) Literatur arbeitet also am Ort jenes *mit*, von dem immer wieder behauptet wird, es wäre erst sekundär herzustellen, politisch auszuhandeln etc. Nancy hingegen sieht das *mit* als ein uns vorgängiges, das Mitsein als ein gegebenes.[3] Die Art und Weise wie wir dieses uns vorgängige Mitsein konkret gestalten, unterliegt jedoch den soziokulturellen, politischen, ethischen, ästhetischen Annäherungen, die wir wagen oder nicht wagen – aber als Ressource ist es immer schon da. Es steht allerdings permanent auf dem Spiel, was wir damit anfangen. Literatur versteht auch der späte Jean-Luc Nancy in *Cruor* als das, was von den Anderen herkommt, »durch den Anderen und als Anderer.« (Nancy 2022: 135) Der Sinn der Literatur kommt als »die Selbstveränderung des Es.« (Nancy 2022: 135) Und zwar eine wirksame Selbstveränderung des Es. Literatur ist damit nicht allein die Stimme eines in sich selbst erklingenden Sinns, »ohne mitteilende Absicht«, sondern sie ist die Stimme einer radikalen, grundlegenden Mitteilung im Sinne des Mits und der Teilung, Literatur ist das, was wir existenziell teilen und was uns verbinden kann. Ist sie bei Nancy der Ruf nach Gemeinschaft, der unser Hören verlangt, so ist die bei Cixous der Schrei angesichts ihrer Unerhörtheit.

Als Hélène Cixous im Frühjahr 2014 zur Buchpräsentation der deutschsprachigen Übersetzung ihres Textes *Le Rire de la Meduse* in Wien zu Besuch war, wurde sie mit vielen Tränen verabschiedet. Für diesen Text darf es ein Geheimnis – *a secret* – bleiben, wer in Tränen ausbrach, nachdem dieser Besuch zu Ende ging. Erwähnt werden kann, dass im Tausch gegen die Tränen mindestens zwei

Arme Tulpen überreicht wurden. Tulpen, die von Hélène Cixous am Wiener Naschmarkt erworben und in Erinnerung an ihre Mutter – *Eve* – entgegengenommen wurden, sodass es schließlich unklar war, von wem die Blumen kamen. Und ob der Wiener Naschmarkt nicht für einen Augenblick zu einem Markt in Oran geworden war. Die Blumen sind lange verwelkt, die Tränen getrocknet. Und doch tauchten letztere einige Jahre später wieder auf – in gewandelter Weise: Bei den gemeinsamen Vorbereitungen des vorliegenden und nun in überarbeiteter Weise erschienenen Bandes *Gespräch mit dem Esel. Blind schreiben* waren mit einem Mal wieder Tränen da: allerdings geschriebene, gezeichnete Tränen. Wir haben die Texte dieses Bandes von Tränen unterbrechen oder sie mit Tränen verbinden lassen. Tauchen Tränen zumeist da auf, wo ein Unsagbares sich entäußert, sei es bei Verlust, großem Schmerz oder großer Freude, angesichts einer Wunde, die sich geöffnet hat, so sind sie hier in diesem Band zum einen eine in die Schrift und die Zeichnung geronnene Erinnerungen an jenen tränenreichen Abschied Jahre zuvor, der wie fast jeder Abschied ein solcher war und glücklicherweise auch nicht, sondern ein neues Willkommen. Zum anderen sind die Tränen in diesem Text auch neue: Die Tränen in diesem Buch tauchen als Zeichen da auf, wo die Sprache immer wieder – und übrigens nicht nur an den von uns ausgewählten Stellen – an das Unsagbare rührt. Und das geschieht in der Sprache immer wieder, gerade in der Sprache, so die These dieses Supplements: Wer spricht und schreibt etc., spricht nicht nur immer schon *in* der Sprache der anderen und spricht daher immer auch *mit* der Sprache der anderen – tritt also auch in ein Gespräch mit der Sprache selbst ein, so als ob diese antworten könnte, was sie ja durchaus auch tut – sondern wer spricht, schreibt etc., nähert sich immer auch dem Ausbleiben von Sprache (Hamacher 2019a: 81, 198–201). Aus diesem Kontakt der Sprache mit ihrem anderen, aus diesem Moment des radikalen Entzugs müssen wir vielleicht nicht immer und nicht notwendigerweise stumm hervorgehen, vielmehr kann dieser Kontakt davon träumen machen, anders sprechen zu können, in einer anderen Sprache, die andere, neue Annäherungen gestattet. Das Ausbleiben der Sprache muss nicht zwingend dauerhaft verstummen machen, sondern kann neue Räume des Sprechens eröffnen.

Es gibt in der Sprache jene Formen, die an das Unsagbare selbst rühren, wenn Sprache vielleicht gerade noch Sprache ist, aber auch schon nicht mehr. In Tränen. Und im Schrei. Im *Gespräch mit dem Esel. Blind schreiben* findet sich dazu folgende Passage: »Ich schreibe mit, ich notiere. Ich nenne es ›mein Buch‹ weil ich gerne möchte, dass es sich einfangen lässt, es streicheln, dass es sich streicheln lässt, so wie ich ›*mon amour*‹ zu den Wesen sage denen ich gehöre der Liebe wegen [...] wenn ich *mon amour* schrei(b)e dann heißt das nicht, *mon amour*, dass du mir gehörst sondern umgekehrt, dass ich dein bin.«[4] Als Hélène Cixous 2016 an die Freie Universität Berlin eingeladen war, die Hegel-Lecture zu halten, hat sie in ihrem Vortrag mit dem Titel »Ay yay! The Cry of Literature« nicht nur über den Schrei der Literatur gesprochen, sondern diesen auch mehrfach im Saal laut werden lassen. Cixous hebt die lebensnotwendige Bedeutung literarischer Sprache hervor, weil diese die Kraft habe, den Rhythmus unserer Ängste zu verändern: »Die Literatur gibt den dunklen Kräften in uns Asyl.« (Cixous 2016)

Wunden

Dunklen Kräften Asyl geben, indem sie in Literatur einen Ort finden, heißt nun gerade nicht, die dunklen Kräfte in etwas zu verschließen. Sondern die dunklen Kräfte in das aufzunehmen, was nicht für sich und auch nicht an sich ist, sondern was sich mitteilt, was gelesen wird, was außen ist, im Text, was sich schickt in die Welt, zu den anderen.

Als unser erster Hund starb, bekamen wir eine Nachricht von einem Freund aus New York, die mir seitdem zu denken gibt. Der Freund schrieb, dass der Tod eines geliebten Tieres eine Wunde reiße, die sich nicht schließe.[5] Was machen eigentlich Wunden mit der Zeit oder in der Zeit? Schließen sie sich, wenn sie vernarben? Was genau ist die Narbe? Schließlich lässt sie die Wunde nicht gerade verschwinden, sondern gibt ihr ein Zeichen, ist ihr Zeichen. Anstatt sie zu schließen, öffnet die Narbe die Wunde. Wunden könnten daher vielleicht Narben heilen – nicht umgekehrt. (Steinweg 2017: 80) Sieht es zunächst so aus, als schlösse die Narbe die Wunde, so verleiht sie der Wunde jedoch gleichzeitig immer auch ein Zeichen. Sie verschleiert die Wunde nicht im Sinne eines Unkenntlichmachens. Sie markiert die Wunde, legt einen Schleier über die Wunde, der immer auch offenlegt und in diesem Sinne entschleiert: Hier ist eine Wunde (gewesen). Die Narbe ist der Schleier der Wunde,[6] der sie ver- und entschleiert gleichzeitig. Manche Narben verschleiern mehr als sie offenhalten. Sie verkrusten und verfestigen das Gewebe, machen es unbeweglich und starr. Solche Narben schmerzen. Narben, die geschmeidig werden, bewegliche Zeichen der Wunden sind, die Wunden nicht zu sehr verdecken, verschleiern, sind diejenigen, die die Wunde lebendig erinnern, sie muss nicht ins Vergessen gedrängt und unter starren Krusten vergraben werden.

Wunden könnten daher vielleicht Narben heilen – nicht umgekehrt: Dieses Paradoxon zu formulieren, bedeutet nicht, es auflösen zu wollen, sondern es als Paradoxon offen zu legen, damit es durch-dacht werden kann. So wie die Auseinandersetzungen mit Wunden und Traumata vielleicht nicht allein dem ihnen inhärenten Zug des Schließens, Verinnerlichens, Verdunkelns und Einkapselns folgen sollten, sondern nicht still werden, das Offene der Wunden immer wieder aufzusuchen, um diese durcharbeiten zu können. Der Wunsch, eine Wunde ein für alle Mal zu schließen, ist nicht die Operation einer

Narbe. Die Narbe hält offen, statt die Wunde zu schließen. Die Narbe bringt die Wunde nicht zum Verschwinden, sie markiert die Wunde. Sie ist ihr Zeichen. Sie bringt sie zum Sprechen. Wenden wir uns dem Sprechen der Wunden zu, den Zeichen und Schriften der Narben.

Große Literatur, so lässt uns Hélène Cixous wissen,[7] legt immer eine, oder vielmehr die »Wunde« des Subjekts frei. Große Literatur schüttelt – vielleicht wie ein großes, geschmeidiges Tier – alles ab, was die Narbe verschleiert und bedeckt. Was dann zum Vorschein kommt, ist die Wahrheit einer Wunde, vor die unsere Klischees und Stereotypen nur erneut treten können, um sie wieder zu bedecken. Es ist der alte Topos des Schleiers, den Cixous in ihrem Werk immer wieder anführt (Cixous 2006). Jener Schleier, der verhüllt, der aber gerade durch diese Verhüllung auch enthüllen, entlarven und mit der bloßen Wahrheit im Modus ihrer Verborgenheit konfrontieren kann. Doch nicht nur das Wegreißen des Schleiers kann enthüllen, es gibt auch Modi der Verhüllung, die enthüllen. Es gibt sie: Die entschleiernde Verschleierung. Mit Cixous gibt es sie vor allem in der Literatur. Im Kontext von Cixous' »autobiografiktionalem Schreiben«[8] ist es vor allem ihre eigene Kurzsichtigkeit, die als eine solche entschleiernde Verschleierung fungiert. Es ist nicht die Brille, die sehend macht, sondern das blinde Sehen, das zur Entdeckung einer Wahrheit des Subjekts führt, so heißt es im »Gespräch mit dem Esel. Blind schreiben«: »Das Nichtsehen ist auch ein Sehen.« (Cixous 2022a: 11)

Weder blind noch sehr kurzsichtig sein bewirkt eine Art Blindheit. Im Zentrum all dessen steht bei Cixous die »Wunde« als Ressource für unendliches Sprechen und Schreiben, eine Erzählung der Künste, der Philosophie wie der Wissenschaften. Das Subjekt kreist um sie, um sich ihrer zu vergewissern, aber auch, um von ihr zurückzutreten, um zu überleben. Überleben heißt damit jedoch gerade nicht, die Wunde loszuwerden. Dass jedes Subjekt qua Subjekt Platz- und Statthalter*in einer Wunde ist, kann vielleicht als eine Art ungeschriebenes psychoanalytisches »Gesetz« gelten. Oft verweist die Wunde auf ein Loch im Symbolischen, d. h. in der Sprache, dem sich keine Künstler*in, kein Text, kein Kunstwerk gänzlich entziehen kann. Solche Löcher in der Sprache, die Werner Hamacher mit »Sprachsprung« (Hamacher 2019b: 61) bezeichnet und die philologische Auseinandersetzung als jene Praxis versteht, die sich in genau dieser »Pause der Sprache« (Hamacher 2019b: 62) aufhält, als »absolute Fermate« (Hamacher 2019b: 66), anzuzeigen, auch dazu wurden im vorliegenden Band Tränenzeichen gesetzt, um das Unsignifizierbare in der Sprache anzuzeigen, das Schweigen der Sprache, jene Momente, in denen die Sprache bricht. Die Konfrontation damit geschieht allerdings auf vielfältige Weise: durch Distanzierung, durch Verklärung, durch Fluchtbewegungen. Dennoch: Alles, was in der Literatur wie in der Kunst über all die Zeiten, die auch vergangen sein mögen, noch immer spricht, ist die Markierung, die Sprache einer

Wunde. Allerdings nicht in Form einer narzisstischen Selbststilisierung zum Opfer, sondern gerade aus dem Widerstand gegen die Versuchung, sich zum ewigen Opfer dieser oder jener Verwundung zu stilisieren.

Fips und Esel

Das ist auch in *Liebes Tier*[9] der Fall, in dessen Mittelpunkt eine gescheiterte Beziehung zu einem Hund in der Kindheit Cixous' steht. Dieser Hund, Fips, dessen Biss in ihren Fuß Hélène Cixous mit einer »gesegneten Wunde« zurückließ – einer »felix culpa« (Cixous 2005: 181), wie sie schreibt – hat ihr Schreiben vielfach prägt. *Liebes Tier* ist ein Vortrag, den Hélène Cixous 2006 am Nouveau Théâtre Montreuil gehalten hat. Der Vortrag fand im Rahmen einer Reihe statt, die von Radiosendungen inspiriert war, die Walter Benjamin zwischen 1929 und 1932 für Kinder und Jugendliche verfasste. Die Bedingung für diese Reihe war, dass die Vortragenden sich an Kinder und Jugendliche wenden sollten, und zwar »abseits der vielbegangenen Wege [...] in einer generationenüberschreitenden Bewegung der Freundschaft.« (Cixous 2022b: 11)

Unsere möglicherweise ersten Assoziationen mit dem Titel *Liebes Tier* und dem Untertitel »Für Kinder und Erwachsene« werden durch den Text sehr schnell als Klischees nachhaltig und produktiv in Frage gestellt.

Hélène Cixous' Auseinandersetzung mit dem Tier und

einer »animal humanity« (Cixous 2005: 156) ist ein zentraler Aspekt ihres Schreibens, der aber bisher vor allem im deutschsprachigen Diskurs zu ihrem Werk noch wenig diskutiert wurde. Einige der in diesem Band versammelten Supplemente versuchen hier Impulse für den deutschsprachigen Diskurs zu setzen.

Einige, die Cixous' Werk kennen, assoziieren es zu Recht vor allem mit Katzen. Allerdings kommen auch andere Tiere vor, wie Hunde, Esel, Vögel und viele mehr. Fips, der Hund, den Cixous' Familie aufnahm, als sie in den späten 1940er Jahren in Algier lebte, ist derjenige, der eine tiefe und nicht zu schließende Wunde in die autobiografische Erfahrung und das Schreiben der Autorin riss. Als Cixous noch ein Kind war – sie war etwa elf Jahre alt – brachte ihr Vater Fips als Geschenk mit nach Hause. Sie lebten zu jener Zeit in einem arabischen Viertel in Algier namens Clos-Salambier. Cixous schreibt über die Beziehung zu Fips: »Wir, die wir ihn uns erträumt hatten als einen, der an uns gebunden war, wir wollten ihn auf diese Weise streicheln und nicht auf jene. Wir waren sehr klein und hatten sehr große gereizte Gefühle ohne Namen. Wir wollten, dass er nach unserem Bilde sei, und er wollte kein fixierter Foto-Fips sein. Er ließ sich nicht in die Tasche stecken, er liebte uns auf seine Art, nicht auf unseren Befehl. Wir empfanden eine dumpfe Enttäuschung. Ohne es zu wissen, haben wir ihn ein bisschen weniger geliebt. Nicht besser, leider, sondern ein bisschen weniger. Und das war nicht besser. Im Übrigen verbrachte er seine Zeit damit abzuhauen, er sprang mit einem Riesensatz über den Gartenzaun. Wir hätten ihn bewundern sollen, aber wir waren ein bisschen beleidigt. Nicht mit uns wollte er um alles in der Welt gern spielen, sondern mit Himmel und Erde.« (Cixous 2022b: 23/24) Das von Cixous beschriebene Liebesgefängnis zementierte Fips' Alterität, nahm sie gefangen und ließ sie nicht frei. Als Cixous' Vater ein Jahr später an Tuberkulose starb und die Achtung, die ihm als Arzt entgegengebracht wurde, der hinterbliebenen Familie nicht mehr zu Teil wurde, änderte sich die Stellung der Familie in der Nachbarschaft. Die tragische Geschichte von Fips ist eingebettet in den sozio-politischen Kontext von Cixous' algerischer Kindheit, als arabische Nachbarn aus Protest gegen die Anwesenheit einer jüdischen Familie ihr Haus mit Steinen angriffen.

Fips, der zunehmend im Garten gehalten wurde und den Steinattacken ebenfalls ausgeliefert war, hatte keine Möglichkeit sich zu wehren. Dies machte ihn zu einem wütenden Hund. Als Cixous als Kind mit all ihren »sehr großen gereizten Gefühlen ohne Namen« den Hund eines Tages trat, merkte Fips, dass auch sie ihm wehtun wollte, und biss ihr in den Fuß, was unauslöschliche Spuren hinterließ, die seit jener Zeit in Cixous' Schreiben mit einer gespenstigen Präsenz wiederkehren. Die »felix culpa« oder »gesegnete Wunde« ist nämlich das, was ihr letztlich bleibt, ein Stigma, das durch die Begegnung mit Fips entstanden ist, und das es ihr ermöglicht, eine Transformation ihrer anfänglich gescheiterten Beziehung zu Fips zu finden, die zu einer tiefgreifenden Reflexion der Mensch-Tier-Beziehung in ihrem Werk geführt hat. Vielleicht ist es sogar jener Biss und seine unauslöschliche Spur, die es ermöglicht hat, dass Cixous sich Derridas Theorie zugewandt hat, in der wir den Gedanken finden, dass sogar die (beinahe) ausgelöschte Spur in der Lage ist, weitere Spuren zu produzieren. Die Fähigkeit, eine Spur zu verfolgen – oder die Abwesenheit der Anwesenheit zu markieren – impliziert die Fähigkeit, eine Spur in ihrem Wechselspiel zwischen Abwesenheit und Anwesenheit beinahe löschen zu können. Doch die Auslöschung von Spuren hinterlässt weitere Spuren, so dass die Spur nie ganz ausgelöscht werden kann. In einem sehr Derrida'schen Sinne gibt es die Möglichkeit einer Autobiografie des Tieres, die sich auf die Fähigkeit des Tieres zur Spurensuche bezieht. Für Derrida geht diese Spur über den Gegensatz zwischen Mensch und Nicht-Mensch hinaus: »Beginning with *Of Grammatology*, the elaboration of a new concept of the trace had to be extended to the entire field of the living, or rather to the life/death relation, beyond the anthropological limits of ›spoken‹ language.« (Derrida/Roudinesco 2004: 63) Daher sind Menschen wie Tiere grundsätzlich machtlos, wenn es darum geht, ihre Spuren zu verwischen, was die der Autobiografie implizite Autorität in Frage stellt. Tiere und Menschen haben etwas gemeinsam, das sich aus ihrer Fähigkeit zu verletzen und ihrer Unfähigkeit, ihre Spuren gänzlich zu löschen bzw. sie so zu bewahren, wie sie waren, ergibt.

Dies ist ein Ausgangspunkt, um die Unterscheidung zwischen Mensch und Tier aus einer poetischen Perspektive zu überdenken und neue Konzepte zu entwickeln, die sowohl in den Arbeiten von Cixous und Derrida präsent sind. Cixous überbrückt jedoch das, was Derrida immer noch als fundamentale Kluft zwischen Mensch und Tier bezeichnet, die sich aus dem *auto* in der Autobiografie ergibt. Das *auto* unterstreicht in Derridas Perspektive die *Auto*-nomie des menschlichen Subjekts und bestreitet gleichzeitig, dass das Tier die gleiche Fähigkeit hat, seine Spuren in gesprochener oder geschriebener Sprache zu hinterlassen. Derrida nennt den Prozess der Autobiografie auch eine Auto-Immunisierung des menschlichen Subjekts. Beim Versuch, die »eigene« Geschichte zu erzählen, wird diese Geschichte immer schon zur Geschichte von anderen. In Derridas Perspektive gibt es also in jedem autobiografischen Akt einen Ausschluss oder ein konstitutives Scheitern des »Selbst«. Auch wenn das autobiografische Schreiben auf der Suche nach der Geschichte des Selbst ist, verwandelt es dieses, indem es das Selbst zu erfassen sucht, verfehlt es dieses und macht es stets zu etwas anderem. Dieser Prozess ähnelt dem der Immunisierung. Cixous' Projekt geht einen etwas anderen Weg, denn in ihrer Perspektive widersetzen sich Traumata, Wunden, Stigmata etc. jeglicher sie ergreifenden Geste grundsätzlich. Sie lassen sich nicht verinnerlichen bzw. widersetzen sich jedem Versuch der Verinnerlichung und der Einkapselung. (Derrida 2008: 47)

Cixous rekonstruiert Spuren von Fips' Autobiografie. Auch wenn kritische Stimmen argumentieren könnten, dass dies in einem Akt der Anthropomorphisierung eines Tieres enden muss, Cixous hingegen setzt das widerständige Potenzial des von ihr geprägten Sprachelements *animots* an dieser Stelle in die Praxis um: In ihren Texten zu Fips stellt sie sich vor – oder erträumt – was Fips in der Vergangenheit gesagt haben könnte: »Here I am, alone on earth, having no more brother, sister, no father nearby, no friends, only my solitude for company. The most sociable and loving of beings is unanimously outlawed. I am caged as in a dream and I don't sleep anymore. And I, detached from them and tied to a strand of wire, what am I?« (Cixous 2006: 44)

In Anlehnung an Derridas Arbeiten (u. a. Derrida 2008) zur Frage des Tieres könnte Cixous' Begegnung mit Fips jene Wunde hervorgerufen haben, die im Nachhinein die zementierten Barrieren zwischen ihr und dem Tier niederzureißen vermochte; ihre Dehiszenz offenbart Fips' »profound animal humanity« (Cixous 2005: 156), die sich aus den geteilten Schmerzen, den gegenseitigen Verwundungen, aus Empathie und Liebe speist. Die Lektion, die Cixous aus der Erinnerung an Fips, den Hund, lernt und die sie uns daher lehren kann, ist, wie wir menschlicher werden. Die »Menschlichkeit« des Hundes ist die Fähigkeit, andere jenseits von vorgefassten, einzementierenden Urteilen zu sehen und zu lieben. Es ist ein Angriff auf jene Grenzen, die rassistische Ausgrenzung schafft, und eine Absage an den falschen Humanismus des kolonialen Projekts. *Liebes Tier* ist ein lebendiges Zeugnis dafür, dass sich Animal Studies und kritische Studien zu Kolonialismus und Antisemitismus überschneiden. Cixous' Reflexionen zu ihrer Beziehung zu Fips werden produktiv für die Auseinandersetzung mit systemischen Formen der Ausgrenzung, die versuchen, Beziehungsfähigkeit und Liebe über die Grenzen von Nation, Rasse, Religion und Spezies hinweg auszuschließen. Die Viktimisierung von Jüd*innen und Tieren ist mit dem verbunden, was Derrida den »idealistic hatred of the animal as hatred of the Jew« (Derrida 2008: 104) nennt.

Cixous zeigt uns jedoch, dass diese Grenzen fließend sind, da sie, eine Jüdin, manchmal zu mehr als einer Kategorie gehört oder zu keiner, oder sich von einer zur anderen und wieder zurückbewegt.

Obwohl Cixous und Fips in ihrer gemeinsamen Verwundbarkeit ähnlich machtlos waren, liegt die Kraft in der Offenheit von Cixous' Wunde, die die Grenze zwischen Mensch und Tier durchbricht. In ihrem eigenen Vorwort zu jenen Texten, die im Band »Stigmata« versammelt sind, setzt sie Fips mit Hiob, jener biblischen Figur des Gerechten aus dem Land Uz gleich, der als unschuldiges, Mitleid erregendes Opfer den Tiefpunkt des Leidens darstellt: »My dog, an avatar of Job, lacerates my foot with his desperate teeth, forever imprinting his message of outrwage on the fabric of my memory.« (Cixous 2005: x) Die Szene der Begegnung mit Fips, der sie beißt, schafft ein Stigma, das den »unforgettable horror« ihres Missverständnisses und ihrer einschließenden Liebe, die seine Andersartigkeit ausschließt, verewigt.

Im Englischen heißt Hiob »Job«, Cixous' Text heißt daher »Job the dog«. »Dog« wird zu »God«, wenn wir die Buchstabenfolge im Wort dog vertauschen. Im Englischen ist das Wort für Hund – »dog« – das Anagramm Gottes – god. Job, the dog, wird zu god, und ist in dieser Verwandlung ganz das, was Cixous *animot*[10] nennt. Vielleicht können wir daher Fips als Schöpfer oder die Muse der animots lesen. Das ganze Leben dieses Hundes war ein Angriff auf die Grenzen, die sein, die *das* Leben zur Hölle machten. Aber Fips versuchte stets, einen Durchgang zu schaffen, die Grenzen zu durchqueren und passieren, indem er sich in einen »supernatural dog« (Cixous 2006: 46) verwandelte und danach strebte, »as he always did, to remove the fences between himself and the just life.« (Cixous 2006: 91) In einem anderen Text schreibt Cixous: »Perhaps the irony is that we are never more human than when we are dogs.« (Cixous 1993: 132) Was Fips zu einem »supernatural dog« macht und in den Augen Cixous' jedes Tier dazu befähigt, mehr als es selbst, als seine Natur zu sein, ist das Vermögen, sich selbst zu geben, ohne sich zu unterwerfen.

Indem sie über Fips nachdenkt, der ihre »wild transfigure« (Cixous 2006: 42) ist, und in diesem Nachdenken dem Tier folgt, das auch sie ist, entwickelt Cixous ihre eigene Antwort auf Wunden, indem sie sich ihnen zuwendet, um ihre reichen Konnotationen und Implikationen zu lesen. In diesen Lektüren stellt sie sich die Aufgabe, zu lernen, wie wir die Welt auf eine Weise bewohnen können, die anderen und uns selbst weniger schadet und die den vulnerablen und körperlichen Wesen, die wir sind, mehr entspricht. Das bedeutet unter anderem, dass wir die Ausgrenzung von Einzelnen und Gruppen überwinden müssen, wie es »the murdered saint of the Garden of Algiers« (Cixous 2012: 11) getan hat.

Vom Nicht-Schließen

Als Hélène Cixous 2017 beim Passagen Gespräch des Wiener Passagen Verlags »Disrupt! Strategien der politischen Intervention« im Semper-Depot in Wien teilnahm, besuchte sie aus verschiedenen Gründen auch die Wohnung meiner Partner*in und mir. Insgeheim luden wir Cixous nach Hause ein, damit sie unsere damalige Hündin Miss Crystal kennenlernen konnte. Der Wunsch von Cixous, Miss Crystal – von H. C. nach der Begegnung stets *Kristelle* genannt – kennenzulernen, hatte einen für uns zu jener Zeit unbekannten Grund, eine gewisse Grundlosigkeit, die die Begegnung dennoch auslöste. »Unvergesslich«, wie Cixous uns vor einiger Zeit schrieb, nachdem wir ihr mitteilen mussten, dass Miss Crystal/Kristelle verstorben war. Auch wenn es eine Begegnung von besonderer Intimität war, als ob sie sich in- und auswendig kannten, wusste ich lange Zeit nicht, warum ich Cixous unsere Hündin vorstellen wollte oder warum es von Bedeutung sein könnte, dass sich beide kennenlernen. Die besondere Spannung dieser Konstellation konnte auch in einem Foto einer flüchtigen Umarmung der beiden festgehalten werden. Miss Crystal, eine schüchterne, noble English Setter Hundeperson in Orange Belton, holte H. C. freudig wedelnd an der Wohnungstür ab, lief mit ihr durch die ganze Wohnung, zeigte ihr alle ihre Plätze, um schließlich auf ihrem Lieblingsplatz mit Schaffell Platz zu nehmen und sich dort von Cixous umarmen zu lassen oder Cixous zu umarmen, wer weiß das schon. Etwas, das keine, die nicht zum engsten Rudel gehörte, jemals zuvor oder danach tun durfte. Es sind jene Berührungen von Wunden, die nicht mehr wehtun müssen, sondern Möglichkeiten neuer Beziehungen eröffnen, Ruf und Hören der Stimme der Anderen, und ja, unerhörter Schrei, Ay yay. Literatur, die ihren eigenen Sprachsprüngen immer wieder Raum gibt, ist das auf die Welt gebrachte Nicht-Schließen von Wunden, die zur Welt gewordene Wunde, das Sprechen der Wunde, die wir sind.[11]

Anmerkungen

1 Das Konzept des konstitutiven Mangels des Subjekts ist für die strukturale Psychoanalyse Jacques Lacans zentral. Im Versuch den Mangel zu beheben, muss sich das Subjekt der Sprache als symbolisches System – Lacan spricht auch vom »Gesetz des Vaters« oder vom »Phallus« – zuwenden. Da der Mangel jedoch konstitutiv ist, wird er nie behoben, sondern Symbolisierungen, sprachliche Operationen sind lediglich Weisen mit dem konstitutiven Mangel des Subjekts, der ein Mangel im Anderen ist, umzugehen. (Lacan 1996: 112)

2 Ilka Quindeau hebt in ihrer Arbeit »Spur und Umschrift. Die konstitutive Bedeutung von Erinnerung in der Psychoanalyse« zum einen hervor, dass eine Erinnerung aus freudianischer psychoanalytischer Perspektive dann »als traumatisch wirksam« verstanden wird, wenn diese »als innerer Fremdkörper wirkt. Die Bezeichnung ›Fremdkörper‹ verweist darauf, dass etwas Äußeres, Anderes in die psychische Struktur aufgenommen wird, ohne jedoch assimiliert zu werden« (Quindeau 2004: 18). Quindeau bedauert, dass Freud die Dialektik von Innen und Außen in seinen weiteren Ausarbeitungen nicht aufrecht erhält, dass das Außen wieder auf die Seite des Ereignisses fällt und das Innen endogen, biologisch gedacht wird, während sie mit Jean Laplanche betont, dass sich das psychische Trauma weder auf das eine noch auf das andere reduzieren lässt, »sondern [...] nur im Zusammenspiel von ›Innen‹ und ›Außen‹ sowie von zwei Zeitpunkten zu begreifen [ist]« (Quindeau 2004: 31). Die Zweizeitigkeit spielt darauf an, dass die erste Traumatisierung erst über spätere Szenen und die Erinnerung daran traumatisch wirksam wird. Erst dann können über Erinnerung und Umschrift Symbolisierungen beginnen.

3 Das Mit, bzw. das Zwischen wird im Denken Jean-Luc Nancys dem Sein nicht einfach hinzugefügt, als eine Eigenschaft, die zwischen den Dingen angeheftet wäre. Das Mit bei Nancy bedeutet auch nicht, dass Dinge durch die Anwesenheit anderer Dinge erst in Relation gesetzt würden. Das Sein essenziell als Mit zu denken, heißt etwas anderes. Es bedeutet, die Perspektive von einem präpositionalen an, oder präpositionalen zwischen, auf das implizierte zwischen einer gemeinsamen Teilung zu verschieben.

Das Miteinandersein von Dingen ist für Nancy somit nicht an oder vor oder zwischen den Dingen wie eine abgetrennte Prä- oder Extra-Position, sondern ist in der Anwesenheit des Seins miteinander, in seiner Verschränkung miteinander. Insofern ist das Sein – und das heißt jedes denkbare Sein – selbst im Zwischen, ist Mitsein. (Vgl. Nancy 2004: 128/129)

4 Im französischen Originaltext findet sich die Wendung »j'ecrie« statt etwa »j'écris«. Die Übersetzer*in Claudia Simma hat diese Wendung als Changieren zwischen »schreiben« und »schreien« gedeutet. Siehe Seite 14 im vorliegenden Band.

5 Es ist der Großzügigkeit Dominik Zechners zu verdanken, dass ich diesen Gedanken hier zitieren darf: Danke.

6 Sicherlich denken wir beim Wort Schleier zunächst an etwas Zarteres und Luftigeres als an verkrustete Narben. An dieser Stelle möchte ich daraufhin weisen, dass die Assoziationen mit dem Zarten, Ephemeren jedoch bei Hélène Cixous auch da schon gebrochen und dekonstruiert werden, wo der Schleier im Kontext ihrer Myopie immer wieder auftaucht. Die Deformation des Augapfels, die den verschiedenen Formen der Kurzsichtigkeit gemeinsam ist, fällt auch aus dem zarten Assoziationsspektrum zum Wort Schleier heraus.

7 Dass Cixous uns dies wissen lässt, ist die These des vorliegenden Textes.

8 Siehe dazu u. a. Schäfer 2017: 81–98.

9 Der Text von Hélène Cixous ist 2022 in der deutschen Übersetzung von Esther von der Osten als kleiner Band im Wiener Passagen Verlag erschienen und mit Zeichnungen des algerischen Künstlers Adel Abdessemed versehen, mit dem Cixous seit einiger Zeit häufig zusammenarbeitet.

10 Zu *animot* gibt es eine ausführliche Anmerkung der Übersetzer*in Claudia Simma sowie einen Bezug im Text »Queere Séancen« im vorliegenden Band. Siehe u. a. S. 41, 60.

11 Siehe; »Das Lächeln Gottes spricht die Wunde aus die wir ihm sind.« (Cixous 2022a: 33). Zum Anagramm god/dog bei Hélène Cixous und möglichen Auslegungen, siehe Segarra 2006: 119–134).

Literatur

Cixous, Hélène (2022a): Gespräch mit dem Esel. Blind Schreiben. In: Hutfless, Esther; Schäfer, Elisabeth (Hg.): Hélène Cixous. *Gespräch mit dem Esel. Blind Schreiben.* Wien: Sonderzahl, S. 9–37.

Cixous, Hélène (2022b): *Liebes Tier. Für Kinder und Erwachsene.* Wien: Passagen Verlag.

Cixous, Hélène (2016): *Hegel Lecture. Ay yay! The Cry of Literature.* Vom 11.05.2016 an Freie Universität Berlin, Online: https://www.fu-berlin.de/en/sites/dhc/zVideothek/950hegel-lecture-mit-helene-cixous/index.html (Letzter Download 13.09.2022).

Cixous, Hélène (2012): Paintings. In: Marta Segarra/Joana Masó (Hg.): *Poetry in Painting: Writings on Contemporary Arts and Aesthetics.* Edinburgh: Edinburgh University Press.

Cixous, Hélène (2006): *Reveries of the Wild Woman.* Evanston: University of Illinois Press.

Cixous, Hélène (2006): *Insister von Jacques Derrida.* Übersetzt von Peggy Kamuf. Stanford: Stanford University Press.

Cixous, Hélène (2005): Job the Dog. In: dies.: *Stigmata. Escaping texts,* New York: Routledge.

Cixous, Hélène (2005): Preface on Stigmatatexts. In: dies.: *Stigmata. Escaping texts.* New York: Routledge.

Cixous, Hélène (1993): *Three Steps on the Ladder of Writing.* New York: Columbia University Press.

Derrida, Jacques (2008): *The Animal That Therefore I Am.* Trans. By David Wills. New York: Fordham University Press.

Derrida, Jacques/Roudinesco, Elisabeth (2004): *For What Tomorrow…: A Dialogue,* trans. By Jeff Fort. Stanford: Stanford University Press.

Hamacher, Werner (2019a): Was zu sagen bleibt. In: ders.: *Was zu sagen bleibt.* Schupfart: Engeler Verlag, 79–204.

Hamacher, Werner (2019b): 95 Thesen zur Philologie. In: ders.: *Was zu sagen bleibt.* Schupfart: Engeler Verlag, 51–79.

Nancy, Jean-Luc (2022): *Cruor.* Berlin/Zürich: diaphanes.

Nancy, Jean-Luc (2004): *singulär plural sein,* Berlin/Zürich: diaphanes.

Nancy, Jean-Luc (2003): *Corpus.* Berlin/Zürich: diaphanes.

Lacan, Jacques (1996): Funktion und Feld des Sprechens und der Sprache in der Psychoanalyse. In: ders: *Schriften I.* Weinheim/Berlin: Quadriga Verlag.

Quindeau, Ilka (2004): *Spur und Umschrift.* München: Wilhelm Fink Verlag.

Schäfer, Elisabeth (2017): Hélène Cixous' Life Writings – Writing a Life. Oder: Das Auto-/Biographische ist nicht privat. In: *Internationales Jahrbuch für Medienphilosophie* Volume 3 2017, Pathos / Passibilität, herausgegeben von Jörg Sternagel und Michael Mayer, 81–98.

Segarra, Marta (2006): Hélène Cixous's Other Animal: The Half-Sunken Dog. In: *New Literary History.* Vol. 37. No. 1. Hélène Cixous: When the Word Is a Stage, 119–134.

Steinweg, Marcus (2017): *Splitter.* Berlin: Matthes & Seitz.

Blinde Augen, sehende Hände: Schreiben als berührendes Sehen

Gertrude Postl

Die herkömmliche Auffassung einer Arbeitsteilung zwischen den Sinnen ist einfach: Die Augen sehen, die Ohren hören, die Hände berühren. Jedes Sinnesorgan erfüllt eine je spezifische Funktion, die von keinem anderen der Sinnesorgane übernommen werden kann. Hélène Cixous' Text *Gespräch mit dem Esel. Blind schreiben* bringt diese ausgewogene Verteilung der Sinnesaufgaben gewaltig durcheinander, verrückt sie, verschiebt sie – und damit auch ein das westliche Denken immer noch dominierendes Wissenschafts- und Erkenntnismodell, das die Sicht privilegiert und den Tastsinn einem zur Wahrheitsfindung angeblich ungeeigneten Körper überlässt.

DIE SINNE: Cixous zufolge ist das Schreiben kein bewusstes und sichtbares Setzen von Worten, keine Übertragung vorgeformter Gedanken auf ein Blatt Papier (»Nein, nie Computer« (Cixous 2022: 31)). Vielmehr verlangt Schreiben, sich von der Sicht abzukehren, freiwillig eine Form von Blindheit anzunehmen und sich im Dunklen zu arrangieren. »Damit ich losziehen kann zu schreiben muss ich dem grobgrellen Tageslicht entkommen […] Ich will nicht das sehen was gezeigt ist. Ich will das sehen was geheim ist […] Ich schließe die Augen, die Ohren […]. Das Nichtsehen ist auch ein Sehen. »Der ›Blinde‹ sieht« (ebd.: 9 u. 11). Aber eben auf eine andere Weise, mit anderen Sinnen … Ein Schreiben mit anderen Sinnen …

> »Was passiert, wenn man schreibt, ohne etwas zu sehen?« fragt Jacques Derrida in *Aufzeichnungen eines Blinden*. In der sehenden Hand des Blinden – so Derrida – koordiniert »eine verborgene Macht […] die Möglichkeiten des Sehens, Berührens, Bewegens. Und die des Hörens und Verstehens, denn das, was ich auf diese Weise zeichne, sind bereits die *Worte* eines Blinden« (Derrida 2008: 11). »[…] von diesem übermäßigen Sehen im Herzen der Blindheit selbst möchte ich sprechen« (ebd.: 23).[1]

Auch in Cixous' schreibendem Universum werden die Hände durch die Berührung »sehend«, während die Augen berühren (»Augen sind die gewaltigsten sachtesten Hände« (Cixous 2022: 13)). Und diese berührenden Augen sehen, obwohl sie blind sind – nur eben nicht die Welt der Sehenden (ein Geheimnis vielleicht?); und dann wieder berühren die Hände – den Stift, das Blatt Papier … Aber auch Worte berühren, und Texte und Bücher … Und die Ohren sind ebenfalls eingebunden in dieses blinde Tast-Sehen (»Strahlende Tageshelle hindert mich am Hören« (ebd.: 9)), verschmelzen mit den Augen, gliedern sich ein in die das Licht scheuende Sinnes-Synergie, die erst das Schreiben ermöglicht – »[…] meine Augen die andere Ohren sind« (ebd.: 16)). Und diesen Augen, die hören, kann nichts entkommen, obwohl sie blind sind (»[...] ich höre alles [...] was gesagt wird. Alles was weil es nicht gesagt ist anders gesagt wird« (ebd.)), vergleichbar den sehenden Händen, die sich mithilfe der berührenden Sicht im Schreiben eine Oberfläche erschließen. Die Sinne kommen etwas durcheinander, werden verrückt, verschoben, von der einen auf die andere Ebene übertragen, verbinden sich, übernehmen ihnen nicht zustehende Funktionen, um eine »Wirklichkeit« zu erfassen, die in der gewohnten sinnlichen Arbeitsteilung verborgen bleiben würde.

> »Doch wenn ich [...] schreibe, ohne zu sehen [...] wird in meiner Erinnerung [...] ein [...] Schema lebendig. Dieses Schema [...] überschreitet alle Grenzen zwischen den Sinnen, sein In-Potenz-Sein ist zugleich visuell und auditiv, motorisch und taktil« (Derrida 2008: 11).

Die Abkehr von festgelegten Sinnesdaten ist auch eine Absage an den empirischen Wissensbegriff, der dem ungebrochenen Vertrauen auf die (streng voneinander getrennten) Sinne, vor allem auf die Sicht, entspringt. Der unhinterfragte, klare Blick des Tageslichts verstellt die Sicht auf andere Ereignisse, obwohl er vorgibt, gesichertes Wissen zu vermitteln. Die Helligkeit als Irrtum, die klare Sicht als Schein. So wird die Gegenüberstellung von Blindheit und Sehen zu einem Bekenntnis zum Glauben gegen das Wissen: »Wissen glaubt nicht. Wissen ist fieberfrei und leblos« (Cixous 2022: 34).[2] Das klare, sichtbare Wissen des Tageslichts, da ohne Leben, verstellt den Weg zum Schreiben.

Derrida nähert sich der Frage des Glaubens und des Wissens über die Tränen:

> »Zwischen Sehen und Weinen erahnt [... der Mensch] die Differenz [...] das ist der Schleier der Tränen, auf daß schließlich – und mit ›denselben Augen‹ – die Tränen sehend werden [...] – Tränen, die sehen ... Glauben Sie? – Ich weiß nicht, man muß glauben. ...« (Derrida 2008: 126–127).

Fieber, Tränen, verstellte Sicht, zusammenwirkende Sinnesorgane ... Besser ein Glauben aus Blindheit als Wissen gegründet auf die Illusion des Sehens.

DIE ANDERE SEITE: Schreiben, behauptet Cixous, bedarf der Abkehr vom Blick auf die Welt. »Lass uns die Augen schließen. Die Nacht ergreift mich. Wohin gehen wir? In die andere Welt [...] Die andere Seite« (Cixous 2022: 11). Aber wo genau ist diese andere Welt, diese andere Seite? Und was gibt es dort zu sehen? Wohin führt diese absichtsvolle Verweigerung des Blicks? In welche Nacht? Wie sich herausstellt, ist diese andere Seite weder eine Kehrtwendung ins Innere noch eine dunkle Gegenwelt zum Tageslicht. Diese andere Welt ist ganz nahe – »Gleich nebenan. So nah aber so schwer zugänglich« (ebd.: 12). Sie ist eher ein Übergang (»Was mir wichtig ist, ist nicht das Erscheinungsbild, es ist das Übergehen, die Passage« (ebd.: 12)) als eine tatsächlich andere Welt – zwischen Nacht und Tag, schlafen im Wachzustand, ohne Türen, die Trennungen markieren. In diesem Zwischenreich, in dieser Blindheit gegenüber der sichtbaren Welt, in diesem Wach-Schlafen erreicht die Schreibende das Buch, das sich selbst schreibt. »Vor mir/Schreibt sich mein Buch. Schöpft sich, kreiert sich [...] Geheimnis« (ebd.: 14)). Das Geheimnis, zu dem nur die Blindheit Zugang hat. Die Blindheit ist somit eigentlich keine Blindheit, sondern eine andere Ausrichtung des Blicks, dessen Sehschärfe an diesen Zwischenzustand gebunden ist. Eine Verschiebung und Verschmelzung der Sinnesorgane, eine Hellsichtigkeit, Hellhörigkeit, ein tastendes Sehen der Hände ... Auf dieser anderen Seite ist alles etwas durcheinander, verrückt, verschoben ...

> »Dieses Nicht-Sichtbare meint nicht ein anderswo präsentes, latentes, imaginäres, unbewußtes, verborgenes oder vergangenes Phänomen, sondern ist ein ›Phänomen‹, dessen Nichterscheinen von anderer Art ist« (Derrida 2008: 56).

DER KÖRPERTEXT: Für Cixous ist der Text ein Geheimnis, das sich der Schreibenden erst im Prozess des Niederschreibens eröffnet, »[...] an der Kreuzung zwischen meinem denkenden Körper und dem Fluss der lebendigen Ereignisse« (Cixous 2022: 21), eine Abkehr also von der planenden und absichtsvollen Fügung der Worte. Das Sitzen vor dem leeren Blatt Papier, Stift in der Hand, kommt im wahrsten Sinn des Wortes der Blindheit gleich, da es (noch) nichts zu sehen gibt. Gegebene Sinneswahrnehmungen werden unterbunden und genau dadurch auf eine andere Art aktiviert. »Wenn ich schreibe tue ich nichts mit Absicht, außer innehalten. Mein einziger willentlicher Eingriff ist die Unterbrechung. Brechen. Wegschneiden. Weglassen« (ebd.: 20). Zurückschneiden, um neues Wachsen zu ermöglichen; alles aufhören, stoppen, unterbinden, um für ein neues (Text)-Geschehen offen zu sein; wegsehen, sich selbst zum Blindsein zwingen, um ein anderes Sehen zu gestatten, das das Geheimnis einlässt. Schreiben als absichtsvolle Inaktivität, als Abstellen eingerasteter Wahrnehmungmuster, als Bereitschaft des gesamten Körpers im Zusammenspiel der einzelnen Sinnesorgane das Buch zu empfangen und in einem Geburtsakt wieder zu entlassen, von sich zu geben: »Es gibt Tragezeit und Geburt [...] Eine Lust zu schreiben steigt in meinem Körper auf [...] Der Körper als Ganzes bereitet sich vor« (ebd.: 21). Die Schreibende verschwindet hinter dem bereitgestellten Körper und dem Prozess der Empfängnis – es ist nicht *ihr* Text, der geschrieben wird, sondern ein Text, der sich durch sie schreibt, sie ist das Medium nicht der Ursprung. »Ich werde nur die Pforte und die Überbringerin der Worte sein. Der linguistische Rezeptor« (ebd.: 21).[3] Der Körper bereitet sich in seiner sinnlichen Gesamtheit durch ein Unterbinden und Neuaktivieren der Wahrnehmungsspuren auf den Empfang des Textes vor, wird zur Relaisstation für das sich selbst schreibende Buch. Die Sinne sind dabei nicht unabhängig voneinander und auch nicht abgesondert vom Denken (wie uns die westliche Philosophiegeschichte glauben macht), sondern sie nehmen in ihrem (immer schon durch Gedanken vermittelten) Zusammenspiel Szenen, Ereignisse, die Pulsschläge des Lebens auf und verwandeln diese in einen Text: »[...] diese Pulsschläge [...] pfeifen [...] uns in den Ohren, wecken [...] in uns wenn sie an die Türen unserer Sinne klopfen, an unsere Ohren, an unsere Nasenflügel, noch nie geformte Gedanken« (ebd.: 24). Aber die Sinne müssen zuerst unterbrochen, in ihrem herkömmlichen Aufnahmemodus gestört werden, um dieses Klopfen an der Tür zu vernehmen. Die Blindheit als Öffnung und Zurückweisung ...

DAS VISIONÄRE: Öffnung wohin, in welche Richtung? Worin genau bestehen die Gedanken, die niemals geformt wurden? Was findet sich im Zwischenreich der anderen Seite? Worin besteht das Geheimnis des Buches? Das zu sehen, was der klare Blick auf die Welt nicht wahrhaben kann, nicht wahrhaben möchte, ist eine Form von Hellsichtigkeit, von visionärer Gabe, es tritt plötzlich in Erscheinung, wenn die Sinne – umgepolt – in eine andere Richtung gelenkt werden. Der Schreibprozess als ein Sichtbarmachen dessen, was im Tageslicht nicht wahrgenommen werden kann, untergeht, ausgeschieden, verdrängt wird – das Visionäre, das Magische, das Unbekannte, das Unbewusste, das Vergessene. »Ich [bin] so gerne bei den Träumen zu Besuch [...] (ebd.: 37), [...] will unsere unterirdische Seele malen« (ebd.: 15). Und dazu gehört auch die materielle Welt, die sowohl ungebrochen (und daher empirisches Wissen vermittelnd) als auch im Zustand der Blindheit (sich dem Glauben öffnend, dem Geheimnis auf der Spur, visionären Eingebungen folgend, ...) wahrgenommen werden kann: »Die Gabe der Welt [...] Ihr Gesicht: Die physische Welt. Ihre Landschaft« (ebd.: 13). Blindheit versus Sehen ist nicht gleichzusetzen mit dem Erahnen innerer Zustände im Gegensatz zur Wahrnehmung der empirisch gegebenen Welt, Visionen kennen keine Grenze zwischen innen und außen – sowohl das Außen als auch das Innen können zum Geheimnis, auf die andere Seite führen, solange die Blindheit akzeptiert, die gewohnten Wahrnehmungsmuster unterbunden werden. »Ich weiß nicht wo außen passiert oder ob der Text innen ist, innen außen oder ob der Text selbst außen ist, oder ob außen im Text drinsteckt« (ebd.: 23). Die Trennung zwischen materieller äußerer Welt und einem mentalen, spirituellen, emotionalen inneren Sein wird irrelevant. Sowohl innen als auch außen können sehend sowie blind empfangen werden – die Blickrichtung entscheidet. Blindheit als Voraussetzung für Hellsichtigkeit und ungeahnte Visionen: »Die Welt nichtsehen ist die Bedingung der Hellsichtigkeit« (ebd.: 9).

> »Solch ein Tausch kann [...] die [...] Formen einer Konversion von Blindheit in ein Supplement des Hellsehens oder der Providenz annehmen. Der Blinde kann immer zum Seher oder Visionär werden« (Derrida 2008: 95).

DIE HAND: Aber um diesen aus Blindheit enstehenden, geheimnisorientierten Text zum Leben zu bringen, ihn zu materialisieren und damit die Hellsichtigkeit auf die Textebene umzusetzen, bedarf es der Hand und des Papiers – Schreiben genau nicht als die Übersetzung von Gedanken in Worte, sondern als das Ergebnis einer Berührung – von der Hand zum Papier, dem Maler, Zeichner vergleichbar. » Es *schreibt sich* nichts in meinem Kopf. Der Kontakt zwischen meiner Hand und dem Papier ist unerlässlich. Ich bin keine Intellektuelle. Ich bin Malerin [...] Ich male, ich ziehe die Sätze aus dem geheimen Brunnenschacht« (Cixous 2022: 30 f.). Der Satz als gemalt, gezeichnet – die grafischen Zeichen als Bedeutungsträger ... Oder auch als Ersatz für das eigentliche Malen, Zeichnen (und dennoch immer damit in Verbindung)?

> »So als wäre ich, statt durch die Zeichnung, auf die der Blinde in mir für den Rest des Lebens verzichtete, durch einen anderen Strich oder Zug [trait] berufen worden [...] Schriftzug statt Zeichenstrich [...]« (Derrida 2008: 43).

Die Hand weiß besser, was zu tun ist, als der Kopf. Der Schreibgestus wird dem Auftragen von Farbe mit dem Pinsel, der Führung der Linie durch den Stift gleichgestellt. Nicht so sehr, um den grafischen Aspekt der Schrift für das Schreiben zu vereinnahmen als vielmehr den Maler, Zeichner als einen anders Sehenden einzuführen. Es geht beim Schreiben um die Sicht, aber eben um eine andere Sicht als jene, die der herkömmliche Blick auf die

Welt freigibt. Es geht um das blinde Schreiben: »Ich schreibe ohne zu sehen, dass ich schreibe was ich schreibe« (Cixous 2017: 31). Die Sicht der Welt im Tageslicht lenkt ab vom Tastsinn, steht dem Körper mit all seinen Sinnesempfindungen im Weg. Der Körper muss erst freigelegt, dem Anblick des Tageslichts entzogen werden, um seiner Übersetzungsaufgabe des sich aufdrängenden Buches nachzukommen. Schreiben als körperlicher Akt (»Ich bin keine Intellektuelle« (ebd.: 30)), als künstlerisch-manuelle Tätigkeit, Ergebnis des Tastsinns, der Berührung, die von Oberfläche zu Oberfläche fortschreibt – Haut und Papier (»[...] der Text braucht das Papier« (ebd.: 30)), sinnliche Materie, die sich zum Zeichen fügt, welches unter Beibehaltung seines materiellen Seins nie auf dasselbe reduziert werden kann. Der Körper nicht länger ein Gegensatz zum Geist, zur Sprache, sondern ein kreatives Legen von Spuren, die genau diesen traditionell überfrachteten Gegenüberstellungen entkommen wollen. Das blinde Sehen ermöglicht Zeichen, die Zeichen entfalten sich auf dem Papier, die Hand als Ausführungsorgan des Körpers lässt diese Zeichenspuren entstehen. Die Hand sieht mehr als die Augen (und etwas ganz anderes als der Verstand), denn diese müssen sich erst vom Sichtbaren abwenden, um den Text entstehen zu lassen. Die Hand sieht durch die Berührung.

> »Die Hand eines Blinden bewegt sich einsam oder losgelöst durch einen unbestimmten Raum, sie tastet, fühlt oder

> streichelt, während sie schreibt, sie […] supplementiert das Sehen, so als öffnete sich ein lidloses Auge an der Spitze der Finger« (Derrida 2008: 11). »Immer ist die Inszenierung des Blinden einem Theater oder einer Theorie der Hände eingeschrieben« (ebd.: 33).

DIE TODE DER AUTORIN: Dieser Körper, gebündelte Sinneswahrnehmungen gleichzeitig, überallhin und von überall her, dieses Empfangen der Pulsschläge des Lebens, dieses Geflecht aus Empfindungen, die das Geheimnis, das Unbewusste, die der Hellsichtigkeit entspringenden Visionen aufgreifen und in Worte, Sätze übertragen, die sich wie von selbst schreiben, hat wenig gemein mit dem traditionellen Begriff des Autors, erinnert an Roland Barthes' »Tod des Autors,« eröffnet ein neues Schreiben. »Ich schreibe um den weggestorbenen Autor zu ersetzen« (Cixous 2022: 29). Die »Autorin«, die Kopfschreiberin und Meisterin über die sprachlichen Zeichen, die ungeachtet der Berührung durch die Hand klar sehend voranschreibt, ist ein Relikt aus einer anderen Zeit, sie hat ausgedient, wird angesichts einer Welt überflutender Zeichen immer mehr zum Anachronismus. »Zweifelsohne ist es der Tod meines Autors der in mich den Zwang gepfropft hat Sätze zu machen« (ebd.: 29). Die Sätze, Texte, Bücher entstehen aus einer anderen Quelle als der fiktiven Einheit eines mit sich selbst identischen, schreibenden Subjekts. Sie schreiben sich selbst: »Ich fühle, dass in jedem Buch Wörter mit unter dem Text verborgenen Wurzeln kommen und gehen und zwischen den Linien ein anderes Buch fertigen« (ebd.: 27). Die Worte kommen von irgendwoher (von einem anderen Text, aus einem geheimen Brunnen, von der anderen Seite?), gehen durch den empfangenden Körper hindurch und schreiben sich durch die Berührung der Hand mit dem Papier auf eine Oberfläche ein – wieder das Bild des Malers, des Zeichners, der Spuren auf einer Oberfläche hinterlässt, Spuren des Geheimnisses, der Hellsichtigkeit, die der nicht-blinde Blick unfähig ist zu sehen.

> »Ich, ich werde schreiben, ich werde mich den Worten weihen, die mich rufen« (Derrida 2008: 43).

DAS DU: Dieses Ich, das schreibt – nicht zu verwechseln mit dem traditionellen Autor – befindet sich in einem Dazwischen, vergleichbar dem Ort, an dem die Sätze, Texte, Bücher empfangen werden: »*Ich* wäre also der Berührungspunkt zwischen meiner sehenden Seele und dir?« (Cixous 2022: 13). Das Du, an das sich der Text richtet – eine fiktive Protagonistin, der Gegenstand des Begehrens der Schreiberin, die Leserin, die Stimme am Telefon, das Telefon selbst,[4] die empfangende Seite des Schaffungsprozesses – ist im Akt des Schreibens immer schon präsent. Dieses Du ist Teil des schreibenden Ichs, es gibt dem Gestationsprozess eine Richtung, führt es in das Zwischenreich einer Begegnung, einer Berührung, einer Verschmelzung. »Ich schreibe dir und ich schreibe *dich* [...] Aber ich schreibe nicht *für* dich: ich schreibe *durch* dich, indem ich dich passiere, wegen dir« (ebd.: 32). Schreiben ist kein isolierter, intellektueller Akt, zentriert um die scheinbare Einheit eines schreibenden Subjekts, sondern immer schon ein (körperlicher) Austausch, ein Ineinandergehen, ein Durchdringen. Die Grenzen zwischen dem schreibenden Ich und dem Du werden aufgelöst, das Du ist in unterschiedlicher Form immer schon im Schreibprozess gegenwärtig, ist Teil des schreibenden Ichs (als fiktive Ansprechpartnerin, Leserin, Katze, Telefon …).

Ein »Du« ist auch in Derridas Text präsent.

> »Seit Beginn dieser Unterhaltung […] dürften Sie beobachtet haben, dass es mir schwerfällt, Ihnen zu folgen […] Soll ich bloß zuhören? Oder soll ich beobachten? Ihnen schweigend zuschauen, wie sie mir Zeichnungen zeigen?« (Derrida 2008: 9–10), fragt der fiktive Gesprächspartner in Derridas Text.[5]

Für Cixous ist das Schreiben ein Gemeinschaftsprojekt, das Du schreibt immer schon mit, ist Teil des Buches – wodurch sich das Buch nicht mehr in die vorgegebenen Kategorien, in die existierenden Genres des Schreibens eingliedern lässt: »Da du wachst, gibt sich dieses Buch die Freiheit den Gesetzen der Gesellschaft zu entspringen« (Cixous 2022: 32). Es fügt sich in keine Beschreibung. Literatur? Philosophie? Autobiografie? Fiktion? Pamphlet? Schwer zu entscheiden … »Dieses Buch ist keine Erzählung, es ist kein Diskurs, es ist eine poetische Maschine […]« (ebd.). Aber was ist eine »poetische Maschine«? Etwas außerhalb aller literarischer und theoretischer Gattungen, etwas, das erst im Leseprozess Bedeutung erlangt, ohne sich je einer klaren Definition zu fügen. Nicht alle Leser_innen können mit dieser dem Text innewohnenden Freiheit etwas anfangen, sie erzeugt Angst, für einen »Leserpolizisten [...] löst [das Buch] den Reflex zur Verhaftung aus« (ebd.). Umgekehrt eröffnet genau eine solche Art des Buches die Möglichkeit, sich in den unfertigen, offenen Text selbst einzuschreiben, den Text selbst weiterzugestalten. Die diesem Buch zukommende Freiheit »[...] macht das Recht auf Erfindung, auf Forschung geltend« (ebd.). Lesen ist kein passiver Akt, sondern ein sich in den Text Einbringen, ein Weiterschreiben. »Die Bücher deren Schreiberin ich bin gehören aller Welt« (ebd.: 15).

DIE SPRACHE: Die dieser Art des Buches, des Texts, zugrundeliegende Sprachauffassung sieht Sprache nicht primär als analysierbares Gefüge von festgelegten Zeichen, sondern als Naturereignis (»Millionen von Zeichen regnen herunter [...]« (ebd.: 14)), das es nicht zu verstehen, sondern körperlich zu erfahren, zu empfinden, zu übersetzen gilt, von einer Sinnesspur auf die andere: »Der Sturm bevor es sich festigt« (ebd.: 15). Sprache nicht als geschlossenes, Bedeutungen fixierendes System, sondern als eine ständig revidierbare Dynamik, offen für die Gestaltung immer neuer Zeichen: »Die Sprache ist nicht fertig. Wir alle können vorübergehend Weltenschöpfer sein und Neugeborene ins Leben rufen« (ebd.: 28). Und obwohl Cixous immer wieder auf der Bedeutung von Intonation, Rhythmus, Klang und Stimme für das Schreiben insistiert, taucht über den Zugang zur Sichtbarkeit dann doch der Unterschied zwischen Schreiben und Sprechen auf: »Aber wie kommt es, dass ich diese geschriebene Sprache nicht spreche wenn ich rede? Kann ich mit meiner Stimme nicht in die Luft schreiben?« (ebd.: 30). Das Schreiben in der Luft hinterlässt keine sichtbaren Spuren, das gesprochene Wort ist immer schon der Blindheit ausgeliefert. Das Sprechen/Hören als Nicht-Sehen?

> »Man muß sich stets daran erinnern, daß das Wort [...] gehört wird: das stimmliche Phänomen als solches bleibt unsichtbar. Sofern das Wort in uns eher eine Zeit als einen Raum besetzt, richtet es sich nicht bloß [...] von Blinden an Blinde, sondern spricht zu uns in Wahrheit die ganze Zeit über von der Blindheit, die es konstituiert. Die Sprache spricht, sie spricht von sich, d. h. sie spricht *von der Blindheit*« (Derrida 2008: 11).

Aber Schreiben und Sprechen, das Sehen und das Hören schließen einander nicht aus: »[...] meine Augen die andere Ohren sind« (Cixous 2022: 16). Intonation und Rhythmus strukturieren die geschriebene Sprache, der Text kann laut gelesen werden, Cixous hat Theaterstücke geschrieben ... Trotz der offensichtlichen Unterscheidung zwischen Schrift als sichtbar (das Umlenken des Blicks in der absichtsvollen Blindheit) und Rede als unsichtbar (immer schon der Blindheit unterworfen), gibt es ein Zusammenspiel von Schrift und Rede – das Geschriebene wird gehört, wenn gesprochen, die gesprochene Sprache wird niedergeschrieben. Das Bild vom Schreiben in der Luft mit der Stimme, die visuelle Manifestation von Cixous' Absage an die auditive Qualität der geschriebenen Sprache, hat einen gegenteiligen Effekt: Das erzeugte Vorstellungsbild ist so eindringlich, dass momenthaft aufscheinende, vergängliche Zeichen in der Luft vor dem inneren Auge »sichtbar« werden. Also doch ein Schreiben mit der Stimme, ein Zeichnen in der Luft?

DIE ERINNERUNG: Teile der Geschichte des eigenen Lebens, autobiografische Bruchstücke treten im Text unvermittelt auf und verschwinden wieder – die eigene Lebensgeschichte dargeboten unter dem Blickwinkel der Blindheit. Nicht nur ist für Cixous der Zusammenhang zwischen selbst auferlegter Blindheit und Schreiben eine ganz persönliche Erfahrung, sondern auch die Nähe zur tatsächlichen Blindheit, zum Versagen der Augen. »Ich habe das Unglück und geheime Glück, dass ich sehr kurzsichtig auf die Welt gekommen bin. Der Blinde war immer mein Nächster [...] Meine Myopie ist das Geheimnis meiner Hellsichtigkeit« (ebd.: 11). Die schlechte Sicht und das Schreiben sind für Cixous schon sehr früh aneinander gebunden – die Nähe zur Schrift liegt fast so weit zurück wie ihre Kurzsichtigkeit: »Die Wörter (ich habe sie mit eigenen Augen gesehen als ich drei Jahre alt war) [...]« (ebd.: 27). Aber diese angeborene Nähe zur Blindheit reicht nicht aus, um zur anderen Seite zu gelangen, um sich von der Nacht umfangen zu lassen. Auch die kurzsichtigen Augen müssen zuerst geschlossen werden, um sich von der Klarheit und Helle des Tageslichts abzuwenden. Nur dann gelingt es, Erinnerungsmomente eintreten zu lassen – vergleichbar dem Geheimnis, dem Unbewussten, der Hellsichtigkeit: »Gartenmomente im Frühling: die Spaziergänge im Garten mit meiner Tochter und meiner Mutter bleiben unvergesslich.« (ebd.: 24). Blind zu schreiben bedeutet auch, sich den Erinnerungsspuren zu überlassen, die eigene Geschichte als Teil des Geheimnisses anzuerkennen, das durch die Umlenkung des Blicks freigelegt wird. Schreiben als Autobiografie, als das Einbringen des eigenen Lebens – eine blinde Suche nach Bruchstücken, die letztendlich umso klarer erscheinen: der frühe Tod des Vaters, die Spaziergänge mit Mutter und Tochter, die Angestellte der Air France, die ihre Bewunderung für Cixous' Bücher zum Ausdruck bringt, ihre Seminarvorbereitungen, und immer wieder die Katze ... Kein Schreiben ohne Leben, das Leben als Schreiben, als Sammeln von vorbeiziehenden Momenten. »Oft kommen die Ereignisse meines Lebens in Sätzen oder sind Sätze« (ebd.: 26). Ohne Schreiben keine Erinnerung, das Zeichnen der eigenen Lebensspur: »Zehn-Jahre-her wachsen heute neu« (ebd.: 24).

»[... sie werden] entschuldigen, wenn ich ganz nah bei mir selbst anfange« (Derrida 2008: 10). »Ich litt darunter, die

> Zeichnungen meines Bruders ständig ausgestellt zu sehen, die gewissenhaft umrahmt [...] die Wände sämtlicher Zimmer zierten« (ebd.: 43). »Doch die Zeichnung kehrt stets wieder [...] Mein Leben lang habe ich nie wieder gezeichnet [...] Außer im letzten Winter [...] als mich der Wunsch und die Versuchung überkamen, das Gesicht meiner Mutter, an deren Krankenbett in der Klinik ich wachte, skizzenhaft im Profil zu zeichnen« (ebd.: 44).

Im Gegensatz zum etablierten Genre der Autobiografie schliessen sich Cixous' autobiografische Einschübe nie zu einem stimmigen Ganzen, zur durchgängigen Geschichte eines Lebens, sie bleiben Fragmente, eingebettet in andere Fragmente, andere Zugangsweisen, andere Themen – eine Vielzahl textueller Schichten, unterschiedlicher Bedeutungsebenen neben- und übereinander; Erinnerungen an ein vergangenes Leben sind ein Faden davon, ein- und ausgewoben, keine Autobiografie, vielmehr autobiografische Spuren, Versuche, den Moment des gegenwärtigen Erlebnisses im Schreiben zu fassen. »[...] ein Heft, ein Stück Papier und die sich überstürzt niederschlagenden Spuren des Augenblicks auffangen [...] dem Vergessen seine Beute entreißen [...] das Passierende präsent zu halten« (Cixous 2022: 25). Gleichzeitig ist das Vergessen aber auch notwendig, um den Blick für das neu Kommende zu schärfen. Keine Erinnerung ohne Vergessen. Nur das Vergessen – der Blindheit vergleichbar – macht es möglich, einen Neubeginn zu initiieren, im Dunklen zu schreiben, das bereits Gesehene hinter sich zu lassen, eine Unberührtheit als Ausgangspunkt zu nehmen. »Man muss vergessen damit man sich unberührt re-präsentieren kann [...]« (ebd.).

PERFORMATIVES SCHREIBEN: Die Blindheit als Voraussetzung für das Schreiben – »Ich schreibe über das Schreiben. Ich mache das andere Licht an« (Cixous 2022: 17) Und Cixous' Text schaltet tatsächlich das andere Licht an. Der Text ist sowohl Reflexion, Argument, Abhandlung als auch das Vorexerzieren dessen, was es bedeutet, blind zu schreiben – er ist ein Tun, eine performative Darstellung, ein inszenierter Schreibgestus. Das Schreiben über die Notwendigkeit der Blindheit beim Schreiben wird zum Akt, die Elemente der Darstellung (Sinnesebenen, Körper, Erinnerung, ...) zu den Requisiten, die Leser_innen, das Du, zu den immer schon mitwirkenden Zuhörer_innen. »Man muss mit der Sprache schnell und richtig spielen wie ein ehrlicher Musiker« (ebd.: 20). Die Blindheit, das Tasten mit den Händen, das Erfühlen von Räumen, das Evozieren von Erinnerungen, die sinnlichen Ebenen des Texts – all dies wird im Text »gelebt«, nicht nur beschrieben, besprochen, abgehandelt. Der Text ist ein Akt und nicht nur eine Serie geschriebener Zeichen. Der Text als unmittelbare Darstellung der Erlebnisse einer Blinden, die im Schreiben sehend wird, die dem Geheimnis, dem Unsichtbaren, ihren Visionen und Erinnerungsbildern auf der Spur ist, dadurch den Glauben über ein empirisch bestimmtes

Wissen stellt, die mit Telefonen, Katzen, unbestimmten Dus als Gegenüber kommuniziert. »Schreiben mit Fetzen, mit Sturmwolken, mit Visionen, mit gewaltigen Kapiteln [...] das ist verboten in Akademien, das ist erlaubt in Apokalypsen« (ebd.: 18). Nein, eine solche Art des performativen Texts ist nicht geschaffen für Peer Reviews, für Beförderungsstufen, für die marktgebundene Publikationsmaschinerie – ein Quer-Text, nicht einzuordnen, schwer zu lesen, schlecht zu vermarkten ... Ein apokalyptischer Text ... Ist es Zufall, dass Derridas Beobachtungen zur Verbindung von Allegorie und den Darstellungen der Apokalypse eine Nähe zu Cixous' Text aufweisen?

> »Ein Werk ist zugleich Ordnung und Ruin – die einander beweinen. [...] Indem sie am Rande der Tränen betet, *macht* die heilige Allegorie etwas. Sie macht, dass etwas ankommt, sie macht, dass etwas vor die Augen tritt, indem sie ein Ereignis produziert; sie ist performativ [...] Indem man schauend erblindet, sich die Sicht verschleiert [...] *macht* man vielleicht etwas mit den Augen. Man macht sich etwas in die Augen« (Derrida 2008: 120).

Anmerkungen

1 Jacques Derridas Text *Aufzeichnungen eines Blinden. Das Selbstportrait und andere Ruinen* ist eine philosophische, kunsthistorische und persönliche Auseinandersetzung Derridas zur Verbindung der graphischen Darstellung von Blindheit und dem Selbstportrait (Zeichnungen Blinder repräsentieren Derrida zufolge immer auch den Künstler selbst, welcher umgekehrt im Selbstportrait seine eigene Blindheit zur Darstellung bringt). Bemerkungen zum Zusammenhang von Blindheit und Schreiben ziehen sich durch den gesamten Band. Die hier und im Folgenden eingefügten Zitate aus Derridas Text erheben nicht den Anspruch, Derridas komplexem Argumentationsverlauf gerecht zu werden, sie sollen nur Berührungspunkte zwischen Cixous und Derrida zum Thema Blindheit und Schreiben aufzeigen.

2 Siehe Anmerkung der Übersetzer*in zu *»Qui croit savoir voir/Wissen«*, S. 46.

3 Siehe Anmerkung der Übersetzer*in zu *»porte/Wortträgerin«*, S. 46.

4 Siehe Anmerkung der Übersetzer*in zu *»parler au telephone/Mit dem oder am Telefon sprechen«*, S. 45.

5 Derridas Text wird in Form eines fiktiven Dialogs entwickelt, wobei der/die imaginäre Gesprächspartner*in (das skeptische Alter Ego?) Derrida immer wieder mit knappen, aber sehr pointierten Fragen unterbricht.

Literatur

Cixous, Hélène (2022): Gespräch mit dem Esel. Blind schreiben. In: Hutfless, Esther/Schäfer, Elisabeth (Hg.): *Gespräch mit dem Esel. Blind schreiben*. Wien: Sonderzahl, S. 9–37.

Derrida, Jacques (2008 (1997[1])): *Aufzeichnungen eines Blinden. Das Selbstportrait und andere Ruinen* (dt. Knop, Andreas/Wetzel, Michael). München: Wilhelm Fink Verlag.

Von der Haut des Buches zum Zwischen des Textes

Anmerkung zu den Zwischenblättern

Als dieses Buch zuerst 2017 bei Zaglossus erschien, hat die Künstlerin Evie Garf für dieses Buch ein Cover – eine Haut, wie sie es nannte – gestaltet, indem sie einzelne Wörter und Passagen aus Hélène Cixous' Text *Gespräch mit dem Esel. Blind schreiben* auf Papier gebracht, dann ausgeschnitten und neu zusammengesetzt hat. Dieses Cover sollte nicht dazu dienen Hélène Cixous' Text zu illustrieren, sondern wollte dem Text einen weiteren bildlichen, imaginären und zugleich sehr materiellen Layer hinzufügen, der in sich wiederum aus zahlreichen Papierlayern besteht.

Evie Garf hat ihre Arbeit an und mit diesen Layern so beschrieben: »If the ›text needs the paper‹, then the paper itself and its relationship to the word-based text is a relationship I want to slide in between: how to use the paper, focus on the paper, find layers and carve it out. I want to sense the surface of the paper, recognize the paper as a material whose role is indispensible in composing an image for this cover, rather than a convenient default, unnoticeably elected as a substratum suitable for delivering this – or any other – image. I understand this as an opportunity to do the bidding of the text through the cover that surrounds it. The text announces that the ›grain of [its own] skin is pure poem.‹ I want to recognize the cover as an alternate, material version of skin for the text, its own internal principles manifesting externally. The cover mirrors a kind of unruliness (the kind that is denied visas) that characterizes the text. If writing can be a way of ›drawing sentences‹, then maybe re-drawing textual sentences can ›resurrect the text‹ in some way, handling the very same words primarily as an image rather than as a text« (Garf 2017, 116).

Dieses ursprünglich als Cover verwendete Schnitt- und Schichtwerk, findet sich nun in Form von blauen Zwischenblättern in diesem Band. Es scheint auf den ersten Blick nun nicht mehr Außenhaut des Buches zu sein, markiert jedoch im Inneren des Buches, dass dieses Innen nie geschlossen ist, sondern ein Buch vielleicht zunächst paradoxerweise in seinem Innen die intensivste Beziehung zum Außen und zu den anderen hat. Die Haut im Zwischen des Buches öffnet das Buch innen auf die Welt, und arbeitet mit an der Bewegung, das Buch wieder zu Runden, nachdem es geplättet und viereckig gemacht wurde. Evie Garf schreibt zu ihrer Arbeit in Relation zu Cixous' Text: ›cutting the sphere of the text‹, doing that work of restructuring, re-rounding or unflattening the text« (ebd.).

Garf, Evie (2017): A Note on the Cover from Evie Garf. In: Hélène Cixous: Gespräch mit dem Esel. Blind schreiben. Wien: Zaglossus 2017, 115–117.